Dieter Emeis

Vom Werden des ewigen Lebens

Dieter Emeis

Vom Werden des ewigen Lebens

Leben und Sterben in der Freude
christlicher Hoffnung

HERDER

FREIBURG · BASEL · WIEN

© Verlag Herder GmbH, Freiburg im Breisgau 2011
Alle Rechte vorbehalten
www.herder.de

Umschlaggestaltung: Finken & Bumiller, Stuttgart
Satz: Barbara Herrmann, Freiburg
Herstellung: fgb · freiburger graphische betriebe
www.fgb.de

Printed in Germany

ISBN 978-3-451-34109-0

Inhalt

Vorwort   7

I. Zusammenhänge der biblischen Bilder und
    Worte für das ewige Leben   11

    1. Das Geschenk der Hoffnung auf das ewige
        Leben   13
    2. Jesu Botschaft von der Freude des ewigen
        Lebens   19
    3. Die kritische Kraft der Freude auf das ewige
        Leben   23
    4. Der Weg des Menschen zwischen Anbruch
        und Vollendung des ewigen Lebens   26
    5. Die in Taufe und Eucharistie gefeierte
        Freude des ewigen Lebens   31
    6. Das Geheimnis, das die Bilder und Worte
        vom ewigen Leben verbindet   38

II. Biblische Bilder und Worte für die Freude des
    ewigen Lebens   43

    1. Die ewige Ruhe   45
    2. Das ewige Licht   48
    3. Der Friede Gottes   52
    4. Die aufgerichtete Gerechtigkeit   56

5. Die getrockneten Tränen 59
6. Das Fest des barmherzigen Vaters 61
7. Die Heimat 64
8. Das Wohnen im Haus des Vaters 68
9. Die Offenbarung der Kinder Gottes 71
10. Die neue Schöpfung. 74
11. Das himmlische Hochzeitsmahl 78
12. Die Herrlichkeit des Sohnes beim Vater . . . 82
13. Gott schauen von Angesicht zu Angesicht . 85
14. Anbetung und Lobpreis 89

Nachwort
Mein Leben in der Zeit: das Werden meines ewigen
Lebens. 95

Vorwort

Zu meiner Erstkommunion bekam ich von der Ordensschwester, die uns vorbereitete, den gerahmten Spruch:

> Eins hab ich mir vorgenommen:
> In den Himmel muss ich kommen.
> Mag es kosten, was es will,
> für den Himmel ist nichts zu viel.

Mir hat dieser einseitig auf den Himmel ausgerichtete Spruch nicht geschadet. Wohl vor allem deswegen, weil ich in einer Familie und Kirche heranwachsen durfte, der nicht nur der Himmel, sondern auch das Leben auf unserer Erde wichtig war.

Oft folgen auf Einseitigkeiten im Gestern bei deren Korrektur andere Einseitigkeiten. Das Leben in der Zeit steht im gegenwärtigen Denken – auch bei den Christen – so stark im Vordergrund, dass das ewige Leben fast ganz aus der Sicht geraten ist. Das hat viele Gründe. Ein sehr gewichtiger ist sicher, dass heute in unserer Gesellschaft sehr viele Menschen ein langes und reiches Leben in der Zeit haben und sich damit nicht selten zufrieden geben. Ein anderer ist wohl der, dass unter den Christen, die nach einem Wort des Apostels eigentlich ihre »Heimat im Himmel« haben (Phil 3,20), so etwas wie eine Kultur der Freude auf das ewige Leben kaum entwickelt ist. Es ist wenig vertraut, wie die Freude am Leben in der Zeit und die

Freude auf das ewige Leben zusammengehören und wie sie beide zusammen den Einsatz dafür begründen, dass möglichst viele Menschen zu ihrem Leben kommen. In christlicher Hoffnung stärken sich die Ausrichtung auf unsere Erde und die Ausrichtung auf den Himmel gegenseitig. Darum ist die Freude auf das ewige Leben nicht nur etwas für die letzte Zeit auf unserer Erde, sondern eine das ganze Leben der Christen mitbestimmende Kraft. Es geht nicht nur um ein Sterben in der Freude auf das ewige Leben, sondern auch um ein Leben in dieser Freude. Es geht um ein Leben und Sterben im Licht des österlichen Geheimnisses.

Die Würzburger Synode der Bistümer in der Bundesrepublik Deutschland sah einen Grundauftrag der Kirche in unserer Gesellschaft darin, Zeugnis von der den Christen anvertrauten Hoffnung zu geben. Dieses Zeugnis ist heute einzubringen in eine Vielzahl unterschiedlicher Überzeugungen vom Sinn des Lebens der Menschen. Dies gilt insbesondere, wenn nach einer möglichen Hoffnung über den Tod hinaus gefragt wird. In der jüdisch-christlichen Überlieferung lebt die Hoffnung auf den Gott, der ewiges Leben ist und ewiges Leben schenkt. Diese Hoffnung ist sich dessen bewusst, dass sie auf etwas hofft, »was kein Auge gesehen und kein Ohr gehört hat« (1 Kor 2,9). Gleichwohl sind ihr Bilder und Worte gegeben, die etwas ahnen lassen sollen von dem, was den Menschen am Ziel ihres Weges bereitet ist. Davon heißt es im Synodenbeschluss »Unsere Hoffnung«:

»Diese Bilder und Gleichnisse
vom großen Frieden der Menschen
und der Natur im Angesichte Gottes,
von der Mahlgemeinschaft der Liebe,
von der Heimat und vom Vater,
vom Reich der Freiheit, der Versöhnung und der Gerechtigkeit,
von den abgewischten Tränen und vom Lachen der Kinder Gottes
– sie alle sind genau und unersetzbar. Wir können sie nicht einfach ›übersetzen‹, wir können sie eigentlich nur schützen, ihnen treu bleiben und ihrer Auflösung in die geheimnisleere Sprache unserer Begriffe und Argumentationen widerstehen, die wohl zu unseren Bedürfnissen und Plänen, nicht aber zu unserer Sehnsucht und von unseren Hoffnungen spricht.« (I,6)

Im Folgenden soll das biblische Hoffnungszeugnis so aufgenommen werden, dass die darin begründete Freude auf das ewige Leben vergegenwärtigt wird.

I. Zusammenhänge der biblischen Bilder und Worte für das ewige Leben

1. Das Geschenk der Hoffnung auf das ewige Leben

Das von vielen für unmöglich gehaltene ewige Leben

Vielen Menschen ist der Gedanke an ein ewiges Leben völlig fremd. Sie halten so ein Leben für unmöglich. Es kann ja nicht einmal gedacht werden. Wir können nur in Raum und Zeit denken. »Ewig« wird aber ein Leben genannt, das nicht den Bedingungen der Zeit unterliegt. Wäre mit »ewig« eine unendliche Zeit gemeint, dann wäre der Gedanke an ein ewiges Leben unerträglich und keineswegs anziehend. Das ewige Leben ist auch nicht ein Leben im Raum. Denkt man es als Leben im Raum, dann führt dies schnell zu kuriosen und lächerlichen Vorstellungen. Da wir Menschen nur in Raum und Zeit denken können, können wir das ewige Leben nicht denken. Viele meinen, es darum auch als möglich ausschließen zu können. Das ist verständlich, wenn das menschliche Denken zum Maß des Möglichen genommen wird.

Hoffnung auf das, was Gott möglich ist

Das ewige Leben wird aber erhofft als etwas, *das Gott möglich ist*. Wo die Möglichkeit Gottes zugelassen wird, kann der Mensch nicht die Möglichkeiten seines Denkens zum Maß dessen machen, was Gott möglich ist und was durch ihn wirklich werden kann. Die Menschen der Neuzeit, die in ihrer Wissenschaft vorher nicht vorstellbare Erkenntnisse gewonnen haben, neigen dazu, das ihnen wissenschaftlich Feststellbare für das allein Wirkliche zu halten.

Das ist dann eine weltanschauliche Entscheidung und nicht eine wissenschaftlich berechtigte Folgerung.

Die Hoffnung, die nicht von Menschen aufgerichtet, sondern von Gott selbst angestiftet wird

Das ewige Leben ist von einer Art, die nur *von Gott erhofft* werden kann. Wer mit einem Gedanken an einen möglichen Gott nichts anfangen kann, dem muss auch der Gedanke an ein ewiges Leben fremd bleiben. Wo aber Menschen mit der Ahnung einer Wirklichkeit »jenseits« oder »unter« oder »über« ihrer Erfahrungswelt leben, dort stellt sich ihnen die Frage nach einer Lebensmöglichkeit über die Grenzen von Raum und Zeit hinaus. Diese Frage ist eine religiöse Frage. Sie findet in der religiösen Überlieferung der Menschen sehr unterschiedliche Antworten. Die Hoffnung auf ein ewiges Leben ist nur eine dieser Antworten. Sie ist nicht das Ergebnis sehnsüchtigen Suchens von Menschen. Die Hoffnung auf ewiges Leben wird in der Bibel vielmehr *von Gott selbst angestiftet* und aus kleinen Anfängen in das Licht geführt, in dem biblischer Glaube heute leben darf.

Von Gott geschenkte Zukunft über den Tod hinaus

Der Anfang mit Abraham hat auch schon damit zu tun, dass Gott ihm *Zukunft über seinen Tod hinaus* eröffnete. Dieser Gedanke beinhaltete aber – wie damals bei vielen Menschen der »alten Welt« – eine Zukunft in ihm geschenkter Nachkommenschaft. Menschen lebten zur Zeit Abrahams noch sehr anfanghaft im Bewusstsein ihrer Individualität. Die einzelnen Menschen begriffen sich vor allem als Teil ihres Lebenszusammenhanges in Familie und

Stamm. Ihre Zukunft war zuerst die Zukunft ihrer Familie und ihres Stammes. Je mehr die Menschen Gottes Weg mit ihnen auch als Weg Gottes mit den einzelnen Glaubenden erfuhren, desto deutlicher stellte sich ihnen die Frage, ob Gott *auch für den Einzelnen eine Zukunft über seinen Tod hinaus* hat. Zwei Erfahrungen mit Gott bereiteten die Hoffnung auf ein ewiges Leben einzelner Menschen vor.

Die im Tod nicht endende Treue Gottes

Die eine Erfahrung ist die der *Treue Gottes* zu dem, was er ins Leben gerufen hat. Dass Gott treu ist, war schon bei Abraham tragende Glaubenserfahrung. Die erfahrene Treue Gottes weckte ein Ahnen, dass diese Treue auch dem einzelnen Menschen über seinen Tod hinaus gilt; dass Gott also für den einzelnen Menschen Leben über dessen Tod hinaus hat. Jesus hat diese Gottesüberzeugung später in den knappen Satz gebracht: »Gott ist ein Gott der Lebenden und nicht der Toten« (Mt 22,32). Er meinte damit, dass die Toten für Gott weiter Lebende sind. Diese Überzeugung ließ Gott schon vor Jesus in der Glaubensgemeinschaft seines Volkes wachsen. Was dieses Leben aus der Treue Gottes über den Tod hinaus näherhin ausmacht, das blieb Gott überlassen. Doch war von Anfang an *der ganze Mensch mit Leib und Seele* in diese Hoffnung eingeschlossen.

Ungerechtigkeiten im Leben in der Zeit

Die andere Erfahrung war die der *Gerechtigkeit Gottes*. Diese Erfahrung führte zu der Erwartung, dass denen, die gut handeln, auch Gutes gegeben wird. Davon singt z. B. der erste Psalm: »Wohl dem, der nicht auf dem Weg der Sünder geht … sondern Freude hat an der Weisung des Herrn … Alles, was er tut, wird ihm gut gelingen … Der Weg der Frevler aber führt in den Abgrund.« Auch heute gehen Menschen, die sich um den guten Willen Gottes bemühen, oft davon aus, dass es ihnen damit gut ergehen wird. Wo dies nicht geschieht, wird es als ungerecht empfunden. Oft muss erfahren werden, wie auch und gerade gute Menschen Unrecht und Krankheit erleiden müssen und wie dies sich in ihrem Leben vor dem Tode nicht ändert. Oft bleiben die verschont, die es sich auf Kosten anderer gut gehen lassen. Besonders ärgerlich wird diese Ungerechtigkeit, wo Menschen für ihre Gottesüberzeugung gequält und getötet werden, ohne dass ein Eintreten Gottes für diese wirksam wird. Als zutiefst ungerecht kann heute empfunden werden, wie unterschiedlich Menschen zu ihrem Leben vor dem Tode kommen. Viele sterben schon als Kinder, während die anderen – nicht zuletzt durch eine erstklassige medizinische Versorgung – sehr alt werden. Viele leben ihre Jahre im Elend, während andere in ihrem Wohlstand vielen ihrer Wünsche nachgehen können.

Die ausgleichende Gerechtigkeit nach dem Tode

Wo der Glaube dennoch festhält an einem treuen und gerechten Gott, öffnet die Hoffnung den Blick auf eine *ausgleichende Gerechtigkeit nach dem Tode*. Auch diese Hoffnung auf die Gerechtigkeit Gottes über den Tod hinaus schenkte Gott bereits seinem Volk vor der Menschwerdung seines Sohnes. Sie wurde allerdings nicht unterschiedslos angenommen. Jesus nahm sie in dem geradezu drastisch gemalten Gleichnisbild vom armen Lazarus vor der Tür des für die Not des Lazarus erbarmungslos blinden Prassers auf. Nach dem Tode musste der Prasser dann für seine Praxis große Not leiden, während Lazarus im Schoße Abrahams reichen Trost genoss. Dieses Bild will nicht das Leben nach dem Tode schildern, sondern *die Wahrheit ausgleichender Gerechtigkeit* veranschaulichen. Wie Gott diese Gerechtigkeit verwirklicht, kann sein Geheimnis bleiben.

Die Recht schaffende Kraft der Treue Gottes in der Auferweckung Jesu

Ein Bild der Hoffnung für die Toten, das schon im ersten Teil der Bibel entstand, wurde zum zentralen Bild für die christliche Hoffnung: *die Auferweckung der Toten*. Die Jünger und auch die Jüngerinnen (sogar möglicherweise vor ihnen schon Maria Magdalena) durften den Gekreuzigten als Lebenden erfahren. Für das, was mit Jesus in seinem Tode geschehen sein musste, hatten sie noch gar keine Sprache. Es musste mit Jesus so etwas geschehen sein, wie es Glaubende vor ihnen als Hoffnung in das Bild der »Auferweckung der Toten« gebracht hatten. So etwas Unerhörtes und Unglaubliches wurde zwar erst für das Ende aller

Tage und Zeiten erwartet; aber nun war es offenbar an Jesus als Erstem doch schon geschehen. Er stand in einer neuen, für sie unbegreiflichen und zugleich unbezweifelbaren Leiblichkeit vor ihnen, ließ sich berühren und identifizieren, aß und sprach mit ihnen.

Hoffnung auf Auferweckung als Hoffnung auf Gott, der Leben schenkt

Um von diesem Geschehen zu sprechen, griffen sie auf das bereitliegende Bild von der »Auferweckung der Toten« zurück. Dabei ist zu beachten, dass dabei immer an den mitzudenken ist, der auferweckt: Gott, den allmächtigen Vater. Die mit der Auferweckung Jesu von den Toten beginnende Hoffnung auf die Auferweckung ist also nicht Hoffnung auf einen »Sachverhalt«, sondern die Hoffnung auf Gott. Er hat an Jesus seine rettende Macht erwiesen, indem er ihn von den Toten erweckt hat. Und darin zeigte er seine Treue und Gerechtigkeit. Die christliche Hoffnung auf das ewige Leben ist so Hoffnung auf den Gott und Vater Jesu Christi.

Das ewige Leben als Teilhabe an dem Leben, in das Jesus aus seinem Tod vom Vater aufgenommen ist

Das ewige Leben ist also nicht irgendein Glückszustand, der unabhängig ist vom Glauben an Gott und Sinn macht ohne den Glauben an den Weg Jesu durch seinen Tod hindurch. In der Hoffnung auf das ewige Leben glauben Christen an die Treue und Gerechtigkeit Gottes, der Jesus als den ersten vieler Schwestern und Brüder aus der Macht des Todes befreit und in sein Leben aufgenommen hat. Die Freude auf das ewige Leben hat ihren Ursprung in der österlichen Freude bzw. ist *gelebte österliche Freude*. Menschen können diese Freude weder sich selbst noch anderen machen. Sie können sie sich schenken lassen und einander bezeugen.

2. Jesu Botschaft von der Freude des ewigen Lebens

Das Gottesreich und das ewige Leben

Dass die Freude das Thema der Botschaft Jesu ist, ist offenkundig. Es ergibt sich schon aus dem Wort Evangelium – Frohe Botschaft. Der Evangelist Lukas setzt in der Botschaft des Engels an die Hirten als Überschrift über alles Folgende: die große Freude. Diese hat ihren Grund nach der Predigt Jesu im »Anbruch der Gottesherrschaft«. Die Zuhörer Jesu müssen aufgemerkt haben, wenn ihnen das »Reich Gottes« als nahe angekündigt wurde. Es war ein Wort für ihre Sehnsucht, dass von Gott her alles gut werden soll. Den Christen, für die der Evangelist Johannes schrieb, blieb das Wort »Gottesherrschaft« allerdings ziemlich fremd. Wenn sie von ihrer ganz großen Sehnsucht sprachen, sprachen sie vom Leben, von einem Leben in Fülle, von einem ewigen Leben. Sie litten darunter, dass so viele nicht zu ihrem Leben kamen. Sie sahen sich der Macht des Todes ausgeliefert. Mitten im Leben verspürten sie einen Mangel an Leben. Es gab in ihrem Umfeld möglicherweise religiöse Angebote, die eine Steigerung des Lebens versprachen. Dem trauten sie nicht. Anders erging es ihnen mit der Botschaft Jesu vom ewigen Leben.

Die Botschaft vom ewigen Leben im Johannes-Evangelium

Der Evangelist Johannes spricht darum in seinem Evangelium die Sehnsucht seiner Leser mit dem Wort »Leben« an:

- Vom Wort, das im Anfang war, heißt es: »In ihm war das Leben und das Leben war das Licht der Menschen« (1,1).
- Johannes lässt Jesus seinen Auftrag von Gott her mit den Worten formulieren: »Ich bin gekommen, dass sie das Leben haben und es in Fülle haben« (10,10).
- Er steigert die Verbindung zwischen Jesus und dem Leben zum Äußersten in der Selbstaussage Jesu: »Ich *bin* das Leben« (11,25).
- Jesus hat Worte ewigen Lebens. In ihm gibt der Vater das Brot des Lebens. Wer davon isst, wird in Ewigkeit nicht sterben (6,35ff).
- Wer an ihn glaubt, hat das ewige Leben (6,40).
- Am Anfang des ersten Johannes-Briefes lesen wir: »Wir haben gesehen und bezeugen und verkünden euch das ewige Leben, das beim Vater war und uns offenbart wurde« (1,1).

Johannes konnte das Wort von der »Gottesherrschaft« mit dem Wort »Leben« wiedergeben, weil Gott seine Herrschaft antritt gegen alle Formen des Todes. Wo er herrscht, schenkt er Leben, richtet er Leben auf. Wo Jesus in Taten seine Botschaft lebt, geht es um Leben – sei es bei der Heilung von Kranken, sei es bei der Befreiung von Dämonen, sei es bei der Bekehrung von Sündern und der Vergebung der Sünden, sei es bei der Auferweckung von Toten.

Die Freude an dem in Jesus bereits nahegekommenen ewigen Leben

Die Botschaft vom ewigen Leben konnte als Vertröstungsbotschaft missbraucht werden. Man konnte Menschen, deren Leben an Hunger und Armut litt und deren Leben von Gewalt und Ungerechtigkeit niedergedrückt war, still stellen mit der Hoffnung, dass auf sie nach ihrem Tod die Freude des ewigen Lebens wartet. Das ist im kritischen Bewusstsein der Moderne nicht mehr möglich. In der Bibel hat Hoffnung nie den Sinn, ungerechte Verhältnisse zu verfestigen. Immer soll sie den Aufbruch aus diesen Verhältnissen heraus anstiften, den Ausweg weisen, Kraft dafür geben. Die Freude des ewigen Lebens in der Botschaft Jesu soll *heute* anbrechen. Sie soll schon heute Arme an den Gaben der Schöpfung teilhaben lassen, Trauernde trösten (nicht nur vertrösten), Kranken Heilung schenken, Frieden stiften. Mit einem Wort: Die Freude des ewigen Lebens soll schon hier und heute um sich greifen. Ist sie doch in Jesus den Menschen bereits greifbar nahegekommen. Sie kann in ihm schon gefunden und ergriffen werden. Es gibt also schon vor dem Tode so etwas wie die Freude am ewigen Leben. Davon sprechen z. B. die Gleichnisse von der kostbaren Perle und dem Schatz im Acker (Mt 13,45ff). Aus Freude an dem Gefundenen (dem Reich Gottes bzw. dem ewigen Leben) können die Finder alles bisher Gewonnene lassen. Gleichwohl bleiben Menschen mit dieser Freude auf dem Weg. Bei aller schon geschenkten Gegenwärtigkeit der Freude des Evangeliums bleibt sie auch Freude auf das ewige Leben.

Jesu Leben und Sterben in der Freude auf das ewige Leben

Das bezeugt der Hebräerbrief auch von Jesus. Er schreibt, dass Jesus das Kreuz auf sich nahm angesichts der vor ihm liegenden Freude (12,2). Im Matthäus-Evangelium lesen wir, wie Jesus bei seinem letzten Mahl mit seinen Freunden nicht nur an den ihm bevorstehenden Tod dachte, sondern auch daran, dass er, wenn alles vollbracht sein wird, die Frucht des Weinstocks im ewigen Leben neu trinken werde mit seinen Freunden (26,29). Im Johannes-Evangelium bittet Jesus den Vater im Blick auf seinen Tod um die Herrlichkeit, die er bei ihm hatte, bevor die Welt war (17,5). Jesus lebte, litt und starb in der Freude auf das ewige Leben. Das schloss Not und Angst, Trauer und Tränen nicht aus. Darin aber wurde die vor ihm liegende Freude nicht ausgelöscht. Der so verzweifelnd beginnende Psalm »Mein Gott, mein Gott, warum hast du mich verlassen?« (21) spricht, wenn man ihn weiter betet (und mit dem Anfang trug Jesus sicher den ganzen Psalm in sich), von der vor Jesus liegenden Freude: »Die Armen sollen essen und sich sättigen; den Herrn sollen preisen, die ihn suchen. Aufleben soll euer Herz für immer« (28).

Die Freude am Leben in der Zeit als Anbruch der Freude des ewigen Lebens

Es gibt noch einen anderen möglichen Missbrauch der Freude am ewigen Leben. Mit ihrer Hilfe kann versucht werden, die Freude am Leben in dieser Zeit herabzusetzen bzw. als nicht evangeliumsgemäß zu diffamieren. Auf Jesus können sich diese Versuche nicht berufen. Jesus zeigt seine Freude an der Schöpfung, wenn er von den Lilien auf dem

Feld und den Vögeln in der Luft spricht. Sein Gebetbuch der Psalmen ist voll von dankbarer Freude an den vielfältigen Gaben Gottes. Jesus hatte offenbar am gemeinsamen Mahlhalten mit seinen Freunden so viel Freude, dass er es als Bild nahm für die Freude des ewigen Lebens. Auch in der Freude am Leben in der Zeit kann so etwas erfahren werden wie die Vorfreude auf das ewige Leben. Die so gelebte Freude am Leben in der Zeit hat bereits Anteil an der Unvergänglichkeit des ewigen Lebens.

3. Die kritische Kraft der Freude auf das ewige Leben

Die nicht unterschiedslos zugesagte Freude

Das Evangelium ruft nicht alle unterschiedslos in die Freude auf das ewige Leben. Das wird besonders deutlich in den sogenannten Seligpreisungen (Mt 5,3ff). Wenn darin den Armen die Freude des ewigen Lebens zugesagt wird, wird sie gleichzeitig denen verwehrt, die auf Kosten dieser Armen reich sind. Wenn da denen, die nach Gerechtigkeit hungern, versprochen wird, dass sie satt werden, heißt das gleichzeitig, dass die leer ausgehen, denen ungerechte Verhältnisse recht sind. Wenn da denen, die keine Gewalt anwenden, ihr Anteil am ewigen Leben zugesagt wird, wird gleichzeitig den Gewalttätigen Lebensraum in der Zukunft Gottes verweigert. Während sich die Barmherzigen auf Gottes Erbarmen freuen dürfen, haben die Unbarmherzigen kein Erbarmen zu erwarten. Wenn die-

23

jenigen, die für ihren Glauben und ihre Überzeugung Verfolgung und Verleumdung erleiden, eines reichen Lohnes versichert werden, meint das, dass diejenigen, die es nur allen – besonders den Mächtigen – recht machen wollen, dafür Schande ernten.

Umkehr als Ausrichtung des Lebens auf die Freude des ewigen Lebens

Das sind nur Beispiele dafür, dass der Ruf in die Freude des ewigen Lebens ein kritischer Ruf ist. Darin wird ernst genommen, dass nicht alle Lebenspraxis von Menschen dem guten Willen Gottes entspricht – dem Willen, der im ewigen Leben endlich alles und alle erfüllen soll. Es gehört nicht alles ins ewige Leben, was hier und gegenwärtig von Menschen gelebt wird. Darum ruft das Evangelium zur Umkehr. Dieser Ruf ist kein Ruf in die Angst vor dem Gericht Gottes. Er ruft allerdings wohl in eine entschiedene Ausrichtung des eigenen Lebens auf die Freude des ewigen Lebens. Im Gericht Gottes wird für jeden Menschen offenkundig, ob er den Weg in das ewige Leben gewählt hat oder seine eigenen Wege gegangen ist – Wege der Selbstbereicherung und der Selbsttröstung, Wege ungerechter Gewalt, Wege des Lebens auf Kosten anderer, Wege selbstgemachter Größe, Wege der Selbstzufriedenheit, Wege an den Menschen vorbei, die Zuwendung und Hilfe brauchten, also alles Wege, auf denen eine Freude auf das ewige Leben keine Rolle spielt. Auf ihnen sind Menschen taub für das Leben als Einladung Gottes in sein ewiges Leben.

Die Freude auf das ewige Leben als selbstkritische Freude

Der Gedanke an das Gericht Gottes ist im Leben vieler Christen heute weit in den Hintergrund getreten. Das ist nicht zuletzt darin begründet, dass dieser Gedanke lange Zeit vor allem ängstigend verkündet wurde. Dadurch ließ er kaum so etwas wie die Freude auf das ewige Leben aufkommen. Viele lebten in der niederdrückenden Sorge, in einem Zustand der »schweren Sünde« vom Tod überrascht zu werden und dann vom Leben Gottes ausgeschlossen zu sein. Das Leben der Gnade Gottes im Menschen galt als dauerhaft gefährdet, so dass es fast als leichtsinnig oder hochmütig gelten musste, sich schon in dieser Zeit auf das ewige Leben zu freuen. Es ist wahr, dass das Leben in der Zeit in der Gefahr bleibt, seine Ausrichtung auf sein Ziel in Gott zu verlieren. Darum gehört die dauernde Umkehr zum Leben des Christen. Diese andauernde Umkehr soll aber nicht von einer Angst bewegt werden, das Leben mit Gott zu verlieren, sondern von der Freude über die christliche Berufung zu Kindern Gottes. Die Freude auf das ewige Leben kann so ein starker Antrieb sein, schon während des Lebens in dieser Zeit das ewige Leben Gottes – seine Liebe – mitzuleben. Dazu wird den Christen der Heilige Geist eingegossen. Die Freude auf das ewige Leben macht es sich also nicht leicht mit der Haltung »Es wird schon gut gehen mit mir und meinem Ausgang aus diesem Leben«. Sie ist auch eine selbstkritische Freude, die sich fragt, ob sie das lebt, worauf sie sich freut.

Das Geheimnis des gerechten und barmherzigen Gottes

Eine schwere Frage, die sehr bedrängend werden kann, ist die Frage nach dem ewigen Leben für die, die sich – nach unserem Augenschein – dem Leben in der Liebe verweigern. Die Freude des ewigen Lebens ist eine Freude, die mit allen teilen will. Christen dürfen hoffen, sie mit allen teilen zu können, die gütig und barmherzig leben, auch wenn sie nicht auf den Weg christlichen Glaubens gerufen sind. Es gibt aber auch lieblose und unbarmherzige Lebenspraxis. Manche sind dabei Täter, andere eher Opfer, die nur Lieblosigkeit erfahren haben. Ihre Zukunft kann nicht einfach aus der Freude auf das ewige Leben ausgeschlossen werden. Das Verbot, andere zu verurteilen, verbietet sogar einen solchen Ausschluss. Gott muss zwar ganz ernst nehmen, wenn sich Menschen seinem guten Willen mit ihnen verweigern; aber Christen dürfen hoffen, dass es für die Barmherzigkeit Gottes immer noch einen Weg gibt, Menschen zu erreichen und ihnen bei sich Zukunft zu schenken. Es gibt Fragen, auf die wir erst im ewigen Leben die Antwort Gottes finden.

4. Der Weg des Menschen zwischen Anbruch und Vollendung des ewigen Lebens

Im Sterben verlässt der Mensch sein Leben in der Zeit. Für Christen ist dies zugleich der Übergang in das ewige Leben Gottes. Als Abschied vom Leben in der Zeit, insbesondere von geliebten Menschen, kann das Sterben schwer und schmerzlich sein, auch wenn es kaum oder gar nicht mit körperlichen Leiden verbunden ist. Je bewusster die Freuden am Leben in der Zeit als Vorboten der ewigen Freude empfangen wurden, desto weniger wird der Mensch an ihnen wie an etwas für ihn ganz Wichtigem hängen. Je mehr ein Christ davon überzeugt ist, dass die Beziehung zu geliebten Menschen durch den Übergang vom Leben in der Zeit in das ewige Leben zwar verwandelt wird, aber nicht endet, desto vertrauensvoller kann er die ihm wichtigen Menschen und sich selbst dem Gott anvertrauen, der der Anwalt jeder wahren Liebe zwischen den Menschen ist. Eine unterschiedlich stark erfahrene Hilfe beim Abschied vom Leben in der Zeit kann die Freude auf das ewige Leben sein. Es gibt Christen, die schon während ihres Lebens in der Zeit nicht mehr wirklich in diesem Zuhause sind, sondern ihre Heimat bereits im Himmel, also im ewigen Leben haben. Für sie kann das Sterben ein Heimkehren sein. Etwas davon lebt in jedem christlichen Sterben. Sehr unterschiedlich wird es sein, wie weit dadurch das Sterben den Schmerz des Abschieds verliert.

Durch den Einfluss von Vorstellungen, die ihre Wurzeln nicht im biblischen Menschenbild haben, wurde das Sterben des Menschen als die Trennung der Seele vom Leib verstanden. Dann begann das ewige Leben nach dem Tode nur für die Seele. Für diese wurde immerhin die unmittelbare Begegnung mit Gott erhofft. Eine Trennung von Leib und Seele entspricht weder dem biblischen noch dem modernen Denken vom Menschen. Im Tode stirbt der ganze Mensch. Und es beginnt für den ganzen Menschen das ewige Leben. Die Hoffnung auf Leben über den Tod hinaus ruht nicht auf der Vorstellung einer Unsterblichkeit der Seele, sondern auf der Überzeugung von der Treue Gottes, der in sich dem ganzen Menschen neues Leben schenkt. Darauf darf man hoffen, obwohl nach dem Sterben ein Leichnam zurückbleibt, der der Erde übergeben wird. Gott, der dem Menschen einen vergänglichen Leib erschaffen hat, kann dem Menschen bei sich eine andere Leiblichkeit schenken, für die der vergängliche Leib nicht gebraucht wird. Die Ehrfurcht, die wir einem Leichnam erweisen, ist Ehrfurcht vor dem in der Zeit gelebten Leben eines Menschen.

Auch wenn das ewige Leben bei Gott erst mit dem Sterben als Übergang in dieses Leben beginnt, gibt es doch Anfänge des ewigen Lebens bereits während des Lebens in der Zeit. Dadurch, dass der Mensch auf die Freude des ewigen Lebens hoffen kann, bleibt diese nicht nur vor ihm. Es ist eine vertraute Erfahrung, dass die Vorfreude auf eine Freude schon etwas von der Freude selbst schenkt. Darum ist die Vorfreude schon eine wirkliche Freude. Zugleich ist sie noch nicht die Freude, auf die sie ausgerichtet ist. Diese Spannung zwischen »schon« und »noch nicht« ist ein Kennzeichen lebendiger Hoffnung. Glaubende können so in der Hoffnung schon einen Anteil am ewigen Leben haben. Die Bibel spricht hier von einem Werk des Heiligen Geistes. Er schenkt den Hoffenden schon so etwas wie den »Vorgeschmack« des ewigen Lebens. Diese begonnene Freude *am* ewigen Leben, die nicht mehr nur Freude *auf* das ewige Leben ist, macht allerdings nicht zufrieden. Sie hält die Sehnsucht wach nach der Vollendung der begonnenen Freude im ewigen Leben.

Das Johannes-Evangelium spricht an vielen Stellen davon, dass Menschen, die Christus in ihr Leben einlassen und sich von ihm ergreifen lassen, schon das ewige Leben *haben*. Diese Rede wird verständlich, wenn bedacht wird, was das ewige Leben ist. Wenn – wie es der erste Johannesbrief kurz formuliert – Gott die Liebe ist (4,8) und ein Mensch im Glauben diese Liebe in sein Leben einlässt, dann hat er bereits in seinem Leben in der Zeit Anteil am ewigen Leben Gottes. Der Johannesbrief spricht sogar davon, dass man das erkennen kann: »Daran erkennen wir, dass wir vom Tod ins Leben übergegangen sind, dass wir die Brüder lieben« (3,14). Auch dieses gilt in christlicher Hoffnungsgemeinschaft als Werk des Heiligen Geistes. In ihm wird die Liebe Gottes eingegossen in die Herzen von Menschen (Röm 5,5). Über das Leben, das damit im Menschen beginnt, hat der Tod keine Macht mehr. Menschen können dieses Leben allerdings noch verlieren. Darum mahnt Jesus im Johannes-Evangelium wiederholt: »Bleibt in meiner Liebe!« (z. B. 15,9). Das Klima der Freude im Evangelium lebt vom Anfang des ewigen Lebens in Menschen, die sich der Botschaft und darin dem Boten öffnen. Diese Freude *am* begonnenen ewigen Leben bleibt zugleich Freude *auf* das ewige Leben, weil sie sich dessen bewusst bleibt, wie anfanghaft und oft gebrochen die Liebe Gottes von Menschen in der Zeit gelebt wird.

Die Spannung zwischen »schon« und »noch nicht« prägt viele Gleichnisse Jesu vom Gottesreich bzw. von der Herrschaft Gottes. Wir dürfen sie als Gleichnisse für das ewige Leben lesen; denn Gott herrscht dort, wo Menschen von seiner Liebe ergriffen sind und einander diese Liebe erweisen, und dort beginnt das ewige Leben. Darum konnte der Evangelist Johannes an die Stelle der Botschaft von der Gottesherrschaft die Botschaft vom ewigen Leben

setzen. In vielen Gleichnissen ist von einem von Gott geschenkten Anfang die Rede. Er kann übersehen werden.
Man kann sich an seiner Kleinheit ärgern. Aber alle Anfänge von Gott haben Zukunft. Statt an ihrer Kleinheit
Anstoß zu nehmen, rufen die Gleichnisse zur Freude an
den Anfängen auf und zur Freude darauf, dass Gott voll-
enden wird, was er begonnen hat.

Auch bei der Heimkehr einzelner Menschen mit ihrer
Lebensgeschichte in das ewige Leben Gottes geht es um
Anfänge. Die Geschichte einzelner Menschen gehört in
den Zusammenhang der Geschichte Gottes mit der ganzen
Menschheit und darüber hinaus mit dem Universum der
Schöpfung. Für Gott ist zwar jeder Mensch ganz wichtig,
zugleich aber will er in seinem ewigen Leben alles zusam-
menführen, was er ins Dasein rief.

In dieses universale Geschehen ist der Mensch einge-
fügt mit seiner Geschichte. Daran werden Menschen in ihren alltäglichen Freuden und Sorgen, Aufgaben und He-
rausforderungen kaum denken. Es kann sie gleichwohl
von Zeit zu Zeit ein Ahnen ergreifen, zu einem großen
Ganzen zu gehören, mit dem sie von Gott gewollt und
mit einem wunderbaren Sinn beschenkt sind. Damit wird
leicht zugänglich, dass das ewige Leben mehr ist als ein
privates Glück. Die Freude des Einzelnen am ewigen Leben ist mit vielen geteilte Freude an der alle und alles umfassenden Versöhnung. Es ist die Mitfreude vor allem mit
all den Opfern der Geschichte – mit all denen, die nicht zu
ihrem Leben in der Zeit kamen; mit denen, die ihr Leben
hingaben für das Leben anderer. Solange es noch Leben in
der Zeit gibt, bleiben allerdings noch Menschen auf dem
Wege und ist noch nicht die ganze Schöpfung heimgeholt

und wunderbar erneuert. Man hat darum davon gesprochen, dass es im ewigen Leben so etwas gibt wie ein »Warten« auf die Nachkommenden. Im Leben ohne Zeit kann es kein Warten mehr geben. Wohl kann es so etwas geben wie eine Sympathie mit denen, die noch auf dem Wege sind, und mit der noch in manchen Geburtswehen liegenden Schöpfung (Röm 8,22). In diesem Sinne kann man dann auch davon sprechen, dass die Freude des ewigen Lebens erst vollendet wird mit dem Ende der Zeit am Jüngsten Tag. Damit wird nicht zuletzt verbunden die Hoffnung auf das Kommen des Herrn in Herrlichkeit. Es soll vor aller Augen und Herzen aufleuchten der Glanz dessen, durch den Gott alles mit sich versöhnt. Wie das für Menschen in ihrem begonnenen ewigen Leben in Gott schon geschaute Wirklichkeit sein kann und zugleich für uns in der Zeit noch Zukunft ist, bleibt für uns noch unbegreiflich. Das kann die Freude am ewigen Leben nicht beeinträchtigen, zeigt es doch nur, dass das ewige Leben ein anderes Leben ist als das Leben in der Zeit.

5. Die in Taufe und Eucharistie gefeierte Freude des ewigen Lebens

Die Taufe als Feier der Berufung zum ewigen Leben

Wer sich der Botschaft vom ewigen Leben glaubend öffnet, bekommt Zugang zu einem Leben, über das der Tod keine Macht mehr hat. Das wird gefeiert im Sakrament der *Taufe*. Menschen, die im Glauben schon Gemeinschaft mit Je-

sus Christus bekommen haben, erhalten in dieser Gemeinschaft ihren neuen Lebensraum. Sie werden eine »neue
Schöpfung«. D. h. nicht weniger, als dass sie zwar noch
unsichtbar, aber bereits wirklich hineingenommen sind in
das ewige Leben des Auferstandenen beim Vater. Sie bleiben zwar Menschen der ersten Schöpfung in einem der
Vergänglichkeit unterworfenen Leib, aber ihre Lebens-
erwartung wird nicht mehr begrenzt durch ihre irdische
Lebenszeit. In ihrem Tod öffnet sich ihnen vielmehr das
Leben, das sie als Getaufte schon in sich tragen und in
das ihnen der Auferstandene vorausging, um ihnen einen
Platz im Hause des Vaters zu bereiten. In der Taufe feiert
die Kirche, dass konkrete Menschen zum ewigen Leben
berufen sind. Zugleich feiert sie dabei den Willen Gottes,
der sich auf alle Menschen bezieht, auch wenn sie nicht
zu dem Glauben finden, der sie schon in der ersten Schöpfung zeichenhaft in die neue Schöpfung einbezieht.

Die Teilhabe am Tod und an der Auferweckung Jesu

Die Taufe bringt zum Ausdruck, dass dem ewigen Leben
ein Sterben vorausging und vorausgeht. Jesus öffnete den
Weg ins ewige Leben durch seine Liebe bis in den Tod. Er
nahm das menschliche Sterben auf sich, um der Weg für
Menschen ins ewige Leben zu werden. In der Taufe werden
Glaubende in dieses Sterben einbezogen durch die Symbolhandlung des Untergangs im Wasser. Sie werden aus
den Todestiefen des Wassers herausgezogen in das neue
Leben – als Teilhaber an der neuen Schöpfung. Wo das
von Erwachsenen sehr bewusst vollzogen wird, können
sie die Erfahrung eines bereits vorausgenommenen Ster-

bens machen. Gleichwohl wird das irdische Leben der Getauften von vielen Formen schmerzlicher Abschiede bis hinein in das Erleiden des Sterbens im Tod mitbestimmt sein. Aber in alldem kann sich auch schon in der Erdenzeit die Kraft der Freude des ewigen Lebens als tragend und tröstend auswirken.

Das innere Zeugnis des Geistes, vom Tod ins Leben übergegangen zu sein

Das ewige Leben, das die Getauften bereits in sich tragen, ist das Leben des Heiligen Geistes. Erfahrbar wird dies nach den Worten des Apostels Paulus im sogenannten inneren Zeugnis. Dieses ist nicht immer spürbar oder gar verfügbar. Es ist aber eine Lebensäußerung des Heiligen Geistes, die nicht nur wenigen Mystikern gilt, sondern für alle Glaubende als Erfahrung des Glaubens aufgedeckt werden kann. Paulus schreibt an die Römer: »Ihr habt den Geist empfangen, der euch zu Söhnen macht, den Geist, in dem wir rufen ›Abba, Vater!‹. So bezeugt der Geist selber unserem Geist, dass wir Kinder Gottes sind« (8,16). Dass Getaufte das Geheimnis ihres Lebens vertrauensvoll mit »guter Vater« anreden und dabei – zumindest gelegentlich – die innere Erfahrung machen können, so sprechen zu dürfen und sogar zu sollen, ist Erfahrung des in ihnen begonnenen ewigen Lebens. Nach dem Johannesbrief ist die gelebte Liebe das *äußere* Zeichen dessen, dass Glaubende bereits vom Tode ins Leben übergegangen sind. Das vom Geist getragene Gebet ist das *innere* Zeichen. Es ist auch begonnenes ewiges Leben, wenn Christen mit Jesus Christus sich angesichts ihres Todes Gott anvertrauen mit dem Gebet »Vater, in deine Hände gebe ich meinen Geist« (Lk 23,46). Denn so kann nur beten, wer bereits in Gemeinschaft lebt mit dem, der mit diesem Gebet für alle gestorben ist.

Gelebte Taufberufung und Tauferneuerung

Alles was mit der Taufe bereits geschenkt ist, all die bereits da und dort geschenkte Freude am schon beginnenden ewigen Leben, bleibt »Vorgeschmack«. Es soll die Freude auf das ewige Leben wecken. Es soll die Hoffnung darauf stärken und am Leben erhalten, einmal in der neuen Schöpfung als neues Geschöpf teilzuhaben an der Herrlichkeit der Kinder Gottes. Getaufte sind noch nicht im ewigen Leben. Sie können sogar ihre Berufung ins ewige Leben vergessen oder ihr untreu werden. In der Taufe wird gefeiert, dass Gott der Berufung des Menschen in sein ewiges Leben treu bleibt. Darum kann die Taufe nicht wiederholt werden. Wohl kann sie in vielerlei Formen erneuert werden. Sogar für die, die sich dem Ruf Gottes in sein Leben verweigert haben. Das Bußsakrament feiert diese von Gott geschenkten Neuanfänge.

Das Sakrament des Bleibens und Wachsens im neuen Leben

Die *Eucharistie* ist das Sakrament des Bleibens und Wachsens in der Taufberufung zum ewigen Leben. Im Johannes-Evangelium mahnt Jesus wiederholt das Bleiben an. Dabei ist sowohl an die Worte Jesu gedacht, die in den Hörenden bleiben sollen, als auch an die Eucharistie. »Wer mein Fleisch isst und mein Blut trinkt, der bleibt in mir und ich bleibe in ihm« (6,56). Das ganze Gleichnis vom Weinstock und den Reben steht unter dem Wort »Bleibt in mir, dann bleibe ich in euch« (15,4). Es ist eine menschliche Erfahrung, dass mit Anfängen eine Begeisterung verbunden sein kann, die im Laufe der Zeit abnimmt und sogar verloren gehen kann. Diese Erfahrung wurde auch bei den Christen gemacht, die in den Anfängen ihrer Gemeinschaft mit Christus intensiv einander in Liebe verbunden waren und voller Hoffnung auf die Vollendung im ewigen Leben lebten. Je länger ihre Taufe zurücklag, desto spürbarer wurden Ermüdungserscheinungen, vor allem, wenn nicht dauernde Erneuerungen in den Versammlungen gesucht wurden, näherhin in den Versammlungen zum Hören der Worte des ewigen Lebens und zum Empfangen des Brotes des ewigen Lebens.

Das Sakrament des Trostes in der Erwartung des ewigen Lebens

Dass der Feier der Eucharistie eine Dynamik innewohnt, die über das Leben in der Zeit auf das ewige Leben gerichtet ist, kann zurückgedrängt werden durch eine Freude an der Gegenwart des Herrn, die nicht zugleich unter der Verborgenheit dieser Gegenwart leidet und darum auch nicht sehnsüchtig nach sichtbarer Begegnung verlangt. Die Alternative ruft eine stark adventlich ausgerichtete Praxis in der frühen Christenheit in Erinnerung. In ihr erwartete man in jeder Nacht zum Tag des Herrn dessen Wiederkunft in Herrlichkeit. Da es weiter galt, darauf zu warten, feierte man dann am Morgen zum Troste die Eucharistie. Diese eucharistische Spannung auf die Zukunft des ewigen Lebens lebt in dem Zuruf »Deinen Tod, o Herr,

35

verkünden wir und deine Auferstehung preisen wir, bis du kommst in Herrlichkeit«. Die Gegenwart des Herrn in der Eucharistie soll trösten in der Zeit, in der man auf die Gemeinschaft mit ihm im ewigen Leben noch wartet.

Die Hingabe als Weg des Lebens

In einer anderen Symbolhandlung als bei der Taufe vergegenwärtigt auch die Feier der Eucharistie das Sterben als Weg in das ewige Leben. In der Mitte der Abendmahlshandlung steht die symbolische Vergegenwärtigung der Hingabe Jesu bis in den Tod. Gegenwärtig wird der Leib des Herrn nicht als ein heiliger Gegenstand. Gegenwärtig wird der Leib, mit dem der Herr aus Liebe für alle gestorben ist. Die Versammelten empfangen so die bis in den Tod gelebte Liebe des Herrn. Und dieses Sterben Jesu in der Hingabe aus Liebe öffnete den Weg in das ewige Leben. Die Versammelten empfangen im Leib des Herrn also ihren Weg in das ewige Leben, den sie wie Jesus und in der Kraft seines Geistes in liebender Hingabe an Gott und die Menschen gehen. Dann steht für sie gleichsam schon in der Zeit der Himmel offen. In der Kommunionbitte des dritten Hochgebets wird das Verlangen nach dieser Einheit mit dem Wege Jesu zum Ausdruck gebracht: »Stärke uns durch den Leib und das Blut deines Sohnes und erfülle uns mit seinem Heiligen Geist ... Er mache uns auf immer zu einer Gabe, die dir wohlgefällt.« Wo Glaubende dieses Geschehen intensiv mitvollziehen, haben sie – ähnlich wie bei der Taufe – ihr Sterben als Weg in das ewige Leben symbolisch schon vorweggenommen.

Die Vorfreude des ewigen Lebens als Kraft und Inspiration für das Leben in der Zeit

Durch die Taufe und die Feier der Eucharistie wird das Leben der Christen zwar schon in der Zeit vom ewigen Leben ergriffen und darauf ausgerichtet. Das darf sie aber nicht von ihrem Leben in der Zeit trennen und für dessen Aufgaben und Freuden unempfänglich machen. Wie Jesus werden Glaubende vielmehr aus ihrer Beheimatung im Himmel in ihr irdisches Leben gesandt, um dort so zu leben, dass der gute Wille Gottes nicht im Himmel bleibt, sondern schon auf Erden geschieht. Dem irdischen Leben kann keine größere Bedeutung zugedacht werden als die, der Weg in das ewige Leben zu sein. Die Freuden des Lebens in der Zeit erhalten ein besonderes Licht als Vorglanz der Freuden des ewigen Lebens. Das Engagement für den Willen Gottes in der Zeit – insbesondere für die Armen – ist gelebte Praxis der Seligpreisungen, die sich im Himmel endgültig bewahrheiten sollen. Das Leiden in der Zeit ist als Teilhabe an den Leiden Jesu nicht Umweg, sondern Tor zum ewigen Leben. Die Freude des ewigen Lebens, die die Sakramente vorausfeiern, soll Inspiration und Kraft für das Leben in der Zeit sein.

6. Das Geheimnis, das die Bilder und Worte vom ewigen Leben verbindet

Das Geheimnis des Lebens und das Geheimnis Gottes

Das Geheimnis des ewigen Lebens (oder des Himmels) ist das Geheimnis des lebendigen Gottes. Es wäre das für uns Menschen schlechthin verschlossene Geheimnis geblieben, wenn nicht Gott selbst sich auf die Menschen hin geöffnet hätte. Schon die Schöpfung trägt Spuren des lebendigen Gottes. Der Mensch in ihr zeigt noch mehr vom Geheimnis Gottes, weil er nach seinem Bild erschaffen wurde. Die Schöpfung und die Menschen in ihr wecken so Ahnungen vom Geheimnis Gottes. Dieses bleibt zugleich ein verborgenes Geheimnis. Das liegt nicht nur an den schwer lesbaren Spuren Gottes, sondern auch an dem begrenzten Lesevermögen der Menschen.

Das anvertraute Geheimnis: die Vereinigung von allem in Christus

Die ersten Christen erfuhren es als Wunder ihres Glaubens, dass ihnen im Geheimnis Jesu Christi das Geheimnis des lebendigen Gottes und darin das Geheimnis der ganzen Schöpfung und das Geheimnis der Wege der Menschen geöffnet wurde. Als Glaubende sahen sie sich als Geheimnisträger. So sangen sie in einem Lied: Gott »hat uns reich beschenkt mit aller Weisheit und Einsicht. Er hat uns das Geheimnis seines Willens kundgetan: die Fülle der Zeiten in Christus heraufzuführen und alles, was im Himmel und auf Erden ist, in ihm zu vereinen« (Eph 1,8–10). Die Schöpfung und die Menschen in ihr sind gewollt, damit in ihr der Sohn Gottes ein Mensch werde, sich mit allem verbinde und es in den Reichtum Gottes, des Vaters, hineinführe. Die ganze Schöpfung und alle Menschen sollen zu ihrer Einheit finden im ewigen Leben Gottes. »Gott alles in allem« – so nannte einmal der Apostel Paulus das Ziel.

Das Geheimnis von Anfang an

Von diesem letzten Willen Gottes her eröffnete sich ihnen auch das Geheimnis des Anfangs als Geheimnis Christi:

> »In ihm wurde alles erschaffen im Himmel und auf Erden …
> Er ist vor aller Schöpfung …
> Er ist der Ursprung …
> Denn Gott wollte mit seiner ganzen Fülle in ihm wohnen, um durch ihn alles zu versöhnen.
> Alles im Himmel und auf Erden wollte er zu Christus führen.« (Kol 1,15–20)

Schlechthin alles, was erschaffen wurde, hat seinen Ursprung in Christus. Und durch Christus will der lebendige Gott alles in sich vereinen. Im »Erstgeborenen der ganzen Schöpfung« (Kol 1,15) hat deren »Heimkehr« in das ewige Leben bereits begonnen. Das ewige Leben selbst bleibt dabei ein Geheimnis; aber es ist ein den Glaubenden eröffnetes Geheimnis. Es bleibt gleichsam vor den Gläubigen; Glaubende können aber in dieses Geheimnis hineinleben.

Eine Ahnung vom Himmel

»In den Himmel kommen« meint also in und mit und durch Jesus Christus hineingenommen werden in das ewige Leben des Sohnes beim Vater. In dieses Geschehen ist mit dem Einzelnen dessen ganzer Lebenszusammenhang mit einbezogen – angefangen von den nächsten Menschen bis hin zu den nur zu ahnenden Zeiten und Räumen des Universums. Im Geheimnis des lebendigen Gottes werden alle Schönheit der Schöpfung und alle Liebe unter den Menschen wiedergefunden.

Gott, der alle und alles mit sich und untereinander versöhnt

Die Heimholung der ganzen Schöpfung und Menschheit geschieht auf dem Wege der Versöhnung. Die Schöpfung und die Geschichte der Menschheit in ihr behielten nur ihren Sinn, weil der lebendige Gott an diesem Sinn festhielt, obwohl sich Menschen ihm in der Sünde verschlossen. Das Geheimnis der Sünde ist so unergründlich wie das Geheimnis Gottes, gegen den sie sich wendet. Auf vielfältige Weise zeigte und zeigt sich Gott als Geheimnis des Erbarmens und der Vergebung. Zuletzt zeigte er sich so in Jesus. Wenn Jesus dem Thomas sagt: »Wer mich gesehen hat, hat den Vater gesehen« (Joh 14,9), dann war vor allem daran gedacht, wie Jesus den Menschen Gott heilend, aufrichtend, befreiend und vergebend darstellte. Den Höhepunkt des Versöhnungshandelns Gottes erkannten die Christen schließlich im Geheimnis des Kreuzes. Der Evangelist Johannes lässt Jesus im Blick auf seinen Tod ausrufen: »Wenn ich von der Erde erhöht bin, werde ich alles an mich ziehen« (12,32). Dabei

spricht er von seiner Erhöhung am Kreuz. Durch die Liebe, mit der er sich sterbend dem Vater übereignet,
nimmt er der Sünde ihre Macht über die Menschen. Er
versöhnt die Menschen und mit ihnen die ganze Schöpfung mit Gott. Jesus spricht auch von seiner Erhöhung in
das ewige Leben Gottes. In dieses will er die Menschen
und mit ihr die Schöpfung hineinziehen und so den
Sinn des Anfangs von allem erfüllen.

Das Geheimnis der Liebe und die Freude des Himmels, des ewigen Lebens

Wir wissen wenig vom Geheimnis des inneren Lebens
Gottes. Wir glauben allerdings, dass der Sohn auf Erden
dem Vater zuinnerst verbunden war; dass er aus der Liebe
des Vaters lebte und sich dieser Liebe sterbend anvertrau-
te; dass es in dieser Liebe geradezu seine Nahrung war, den
Willen Gottes zu leben. Diese Liebe wird im Geheimnis
des Heiligen Geistes eingegossen in die Herzen der Glaubenden. Durch dieses Geschenk leben sie mit dem Sohn
aus der Liebe des Vaters und sie sind berufen und ausgerüstet, sich mit dem Sohn lebend und sterbend dem Vater zu übergeben. Der Weg in den Himmel wird dort begangen, wo sich Glaubende vom Heiligen Geist in Jesu
Liebe zum Vater mit hineinnehmen lassen und diese Liebe
auf Erden leben. In ihr finden sie schon in der Zeit den
Anbruch des ewigen Lebens. In der Einheit mit der Liebe
Jesu zum Vater haben sie Anteil an der alle und alles umfassenden Liebe des Vaters selbst. Darin beginnt der Himmel auf Erden. Noch ist allerdings manches zu erleiden,
was durch die Sünde in der Schöpfung und im Miteinan-

der der Menschen verwundet ist und sich noch dem Willen Gottes verweigert. Auch dieses Erleiden mit Jesus Christus gehört zu dem von ihm eröffneten Weg in den Himmel.

II. Biblische Bilder und Worte für die Freude des ewigen Lebens

1. Die ewige Ruhe

Zur Ruhe kommen

Die Freude auf das ewige Leben bekommt eine eigene Farbe, wenn sie als die Freude auf die ewige Ruhe gedacht wird. Dabei können mit dem Wort »Ruhe« sehr unterschiedliche Bedeutungen verbunden werden. Verbreitet wird an eine Ruhe gedacht, die dem Schlaf ähnlich ist. Das ewige Leben ist aber kein ewiger Schlaf. Näher sind der Bedeutung des Wortes »ewige Ruhe« Erfahrungen, die wir mit der Wendung »zur Ruhe kommen« verbinden. Unerledigte Aufgaben, Sorgen, ungelöste Konflikte und Ähnliches können Menschen nicht zur Ruhe kommen lassen. Ruhe wird dann erfahren, wenn Aufgaben geschafft, Sorgen abgenommen, Konflikte gelöst sind.

Die Ruhe des Feierabends

Diese Ruhe ist nicht Mangel an Leben, sondern befreites Leben. So ähnlich ist es mit der ewigen Ruhe, auf die sich Menschen freuen dürfen in der Freude auf das ewige Leben. Eine darauf vorbereitende Erfahrung ist die Ruhe des Feierabends oder die Sonntagsruhe. Die ewige Ruhe muss dann so etwas sein wie ein Feierabend des gelebten Lebens. Ein Feierabend, an dem der Sinn des gelebten Lebens endgültig aufgeht. So kann die ewige Ruhe gedacht werden, wenn sie als etwas gedacht wird, was Menschen in Gott finden sollen.

Die Ruhe Gottes am siebten Tag

In der Bibel lesen wir von der Ruhe Gottes. Am Ende des sechsten Schöpfungstages heißt es: »Gott sah alles an, was er gemacht hatte: Es war sehr gut.« Und weiter steht da: »Am siebten Tag vollendete Gott das Werk, das er gemacht hatte, und er ruhte am siebten Tag, nachdem er sein ganzes Werk vollbracht hatte« (Gen 1,31; 2,2). Die Ruhe Gottes ist davon erfüllt, dass er sein ganzes Werk anschaut und bejaht.

Das in der Ruhe gefeierte Werk

Davon spricht die Bibel, bevor sie von all den Fragwürdigkeiten erzählen muss, die in der Schöpfung und in der Geschichte der Menschen aufbrechen. Sie werden nicht stärker sein als das am Anfang gesprochene Ja Gottes zu seinem Werk. Vielmehr wird das Jawort Gottes, das in seinem Sohn eingeht in die Schöpfung und die Geschichte, wahr machen, dass alles gut wird. Das alles schaute Gott bereits am Anfang, und darum feierte er sein Werk in seiner Ruhe. Diese Ruhe feiert den wunderbaren Anfang und die noch wunderbarere Erneuerung des Werkes Gottes. Wie Gott selbst das ewige Leben ist, so ist er auch die ewige Ruhe.

Die Herzensruhe

Zum Werk Gottes gehört das Leben jedes Menschen. Es kann schwer sein, angesichts des eigenen Lebens bejahend zur Ruhe zu kommen. Nie ist diese Ruhe einfach selbstverständlich. Menschen gehören mit ihrem Leben zu den

Fragwürdigkeiten, die nur durch das Jawort Gottes überwunden werden können. Jesus rief einmal und ruft heute belastete und wegen des eigenen Lebens beunruhigte Menschen zu sich mit der Zusage: »Ich werde euch Ruhe schaffen.« Denen, die bei ihm Güte und Demut des Herzens lernen verspricht er: »Ihr werdet Ruhe finden für eure Seelen« (Mt 11,28f). Bei Jesus kann erfahren werden, mit welchem Blick Gott in der Schau auf sein Werk auch das Leben jedes einzelnen Menschen anschaut: bejahend und heilend. Das schafft Herzensruhe schon während des Lebens in der Zeit und schenkt Vorfreude auf die ewige Ruhe im ewigen Leben.

Das Land der Ruhe Gottes

Die ewige Ruhe, auf die Menschen sich freuen dürfen, besteht darin, dass Menschen hineingenommen werden in die feiernde Ruhe Gottes. Der Hebräerbrief spricht von der Verheißung, dass wir in »das Land der Ruhe Gottes« kommen sollen, und bezieht sich dabei auf die Ruhe Gottes am Anfang der Schöpfung (4,1ff). So kann man im Bild den Himmel beschreiben: das Land der Ruhe Gottes. Wenn wir für unsere Verstorbenen um die ewige Ruhe beten, beten wir darum, dass sie im Land der Ruhe Gottes leben. Und in der Freude auf das ewige Leben als ewige Ruhe dürfen wir uns freuen auf das Leben im Land der Ruhe Gottes.

Zur Ruhe kommen in Gott

Das Leben in diesem Land ist auch das Ziel für eine andere Unruhe, die manche Menschen erfahren: die Unruhe, dass ihnen nichts und niemand genügt; die Unruhe, dass so viele ihrer Fragen unbeantwortet bleiben; die Unruhe, dass ihre Sehnsucht nach einer Heimat auf dieser unserer Erde keinen Ort findet. Vielleicht gibt es viele Gottsucher. Vielleicht ist es vielen nicht bewusst, dass sie im Grunde nicht nur nach Leben, sondern nach ewigem Leben verlangen. Der heilige Augustinus spricht sehr allgemein von dem Menschenherzen, das unruhig bleibt, bis es ruht in Gott. In einem späten Gebet des heiligen Franz von Assisi heißt es: »Gott, du selber bist Ruhe.« Vielleicht geht es vielen Menschen erst in der ewigen Ruhe auf, dass Gott ihre Ruhe ist und sein will.

2. Das ewige Licht

Licht – das erste Geschöpf Gottes

Die ersten Worte Gottes in der Bibel sind: »Es werde Licht.« »Und es ward Licht, und Gott sah, dass das Licht gut war« (Gen 1,3f). Ohne dieses erste Schöpfungswerk Gottes wären alle anderen Werke nicht denkbar. Die Vorstellung, dass unsere Erde sich in einem dauernden Dunkel dreht – ohne Sonne, Mond und Sterne, ohne jedes Leben, ist grauenerregend. So etwa dachte man sich in der Antike die Welt der Toten. Nicht ganz dunkel, aber doch als Reich der Schatten. In einer solchen Welt kann es keine Freude geben. Gott schenkt seiner Schöpfung das Licht, lässt sie im Licht erstehen und erfüllt sie so mit Freude. Die erste Freude in der Bibel ist Gottes Freude am Licht; darum nennt er das Licht »gut«. Durch das Licht wird die Schöpfung zum Lebensraum – voller bunter Farben und Formen. Im Licht, dem ersten Geschöpf Gottes, beginnt auch das Leben des Menschen. In diesem Geschenk Gottes findet der Mensch sich, erkundet er seine Welt, geht er seine Wege.

Das Licht des Lebens und der Schatten des Todes

Zur Ordnung der Welt gehört auch das Dunkel. Der Wechsel von Tag und Nacht. Durch die Nacht wird das Licht am Morgen immer wieder zum Geschenk Gottes. An jedem Morgen wird das Dunkel der Nacht wieder besiegt vom Licht des Tages. Mit dem Dunkel können sich Erfahrungen der Geborgenheit im Schlaf verbinden. Aber auch Erfahrungen des Bedrohtseins, der Angst, der Unsicherheit. So werden Licht und Dunkel zu Symbolen für Grunderfahrungen des Menschen. Dem Dasein im Licht des Lebens steht das Dasein in Finsternis und Todesschatten gegenüber. Als Symbole stehen Licht und Dunkelheit auch für gegensätzliches Leben: Das Gute wird im Licht geplant und getan; im Dunkeln wird Böses vorbereitet und ausgeführt. Die Guten brauchen das Licht nicht zu fürchten; die Bösen bleiben lieber im Schatten, damit ihr Tun nicht offenbar wird. Es gibt Lichtgestalten und Dunkelmänner.

Leben im Lichte Gottes

Dieses Symbolgefüge wird aufgenommen, wenn in den Überlieferungen der Bibel Erfahrungen mit Gott mit dem Licht in Verbindung gebracht werden. Ein Psalm bekennt sich zu Gott mit dem Satz: »Der Herr ist mein Licht und mein Heil« (Ps 26). Gottes Güte wird als Leuchten des Angesichtes Gottes beschrieben (z. B. Ps 88,16). Wie tief Erfahrung Gottes und Erfahrungen des Lichtes als zusammengehörig empfunden werden, sagt ein Gebet: »In deinem Licht schauen wir das Licht« (Ps 35,10). Ohne das Licht Gottes bleibt die Welt dunkel, auch wenn die Sonne scheint. Wo Menschen im Licht leben, müssen sie im Licht Gottes leben, auch wenn es ihnen nicht aufgeht und sie darum auch nicht dafür danken können.

Jesus – das Licht der Welt

Zwei Worte benutzt der Evangelist Johannes für das Geschenk, das den Menschen in Jesus gemacht ist: Licht und Leben. In einer Aussage fasst er beide Worte zusammen: »Ich bin das Licht der Welt. Wer mir nachfolgt, wird nicht in der Finsternis umhergehen, sondern das *Licht des Lebens* haben« (8,12). Das wird zeichenhaft in jeder Taufe gefeiert. Den Getauften wird das Licht des Auferstandenen übergeben mit der einzigartigen Lebensperspektive, als »Kinder des Lichtes« zu leben. Über dieses Licht hat der Tod keine letzte Macht mehr.

Leben als Kinder des Lichtes

Das »ewige Licht« ist das Licht des auferstandenen Gekreuzigten. Er ist durch das Dunkel unseres Todes hindurch in das Licht des Lebens gegangen. Im Licht dieses ewigen Lichtes dürfen und sollen die Kinder des Lichtes, also die Getauften, schon in ihrem Leben in der Zeit leben. Das ewige Licht leuchtet so nicht erst den Verstorbenen. Allerdings bleiben die Kinder des Lichtes, solange sie noch in der Zeit leben, von den »Mächten der Finsternis« bedroht und bedrängt. Nicht immer machen sie die Erfahrung des leuchtenden Angesichtes Gottes über ihrem Leben. Ihr Weg kennt auch das Bedrohliche des Wanderns in finsterer Schlucht (Ps 23,4).

Die alles erleuchtende Herrlichkeit Gottes

Es gibt Vorerfahrungen der stärkeren Kraft des ewigen Lichtes. Sie sollen die Hoffnung auf den endgültigen Sieg dieses Lichtes wecken. Davon wird im letzten Buch der Bibel gesprochen, wenn es heißt, dass am Ende weder Sonne noch Mond leuchten werden, weil die Herrlichkeit Gottes alles erleuchtet (Offb 21,23). In der Hoffnung darauf dürfen Glaubende die Freude auf das ewige Licht schon in ihrem Leben in der Zeit wagen und es für ihre Verstorbenen erbitten.

3. Der Friede Gottes

Die Sehnsucht nach Frieden

»Friede« ist vielleicht das wichtigste Sehnsuchtswort der Menschheit. Es wird mit fast allen menschlichen Lebensbereichen in Verbindung gebracht. Frieden sucht der Mensch mit seinem Nächsten und mit sich selbst. Für eine Gesellschaft ist der innere Friede zwischen den unterschiedlichen Gruppen ebenso wichtig wie der äußere Friede mit Nachbarvölkern und sogar der Weltfriede. Dabei meint Friede mehr als die Abwesenheit von Krieg. Das Wort spricht von gelösten wirtschaftlichen, sozialen, religiösen Konflikten ohne gewaltsame Auseinandersetzungen. Es enthält Erfahrungen gegenseitigen Verstehens, ja des Einverständnisses miteinander.

Der dauernd zu suchende Friede

Viele Menschen leiden unter fehlendem Frieden – sei es in ihrem Inneren oder in ihren Ehen, Familien, Nachbarschaften und Betrieben, sei es in ungerechten und dadurch gespaltenen Gesellschaften oder als Opfer von Kriegen. Andererseits wird es als Glück erfahren, mit sich selbst und den Nächsten im Frieden zu sein, in Gesellschaften mit zumindest einigermaßen gewaltfreien Konfliktlösungen zu leben, in keine kriegerischen Auseinandersetzungen unmittelbar einbezogen zu sein. Dennoch bleibt wohl immer bewusst, in einer Welt zu leben, in der der alle und alles umfassende Friede nicht nur bedroht, sondern vielfach verloren ist und dauernd gesucht werden muss. Die

Menschen sehnen sich nach Frieden – voller Hoffnung oder auch voller Zweifel.

Der Friede als Gabe Gottes

Die Erdenzeit Jesu beginnt mit der Ansage des alle umfassenden Friedens. Engel verkünden ihn (Lk 2,14). Sie begründen ihn im »Wohlwollen« Gottes, d. h. in Gottes machtvollem Willen, die Sehnsucht des Menschen nach Frieden zu erfüllen. Am Ende seiner Erdenzeit verabschiedet sich Jesus von den Seinen mit dem Geschenk seines Friedens: »Frieden hinterlasse ich euch. Meinen Frieden gebe ich euch« (Joh 14,27). Durch die, denen er seinen Frieden schenkt, sollen alle von ihm ergriffen werden. Das ist das, was Jesus mit denen will, die er in seine Nähe ruft.

Der verkündete und der fehlende Friede

Viele hören in jedem Jahr am Weihnachtsfest die Botschaft von dem in Jesus geschenkten Frieden Gottes für unsere Erde. Sehr viele können diese Botschaft nicht glauben. Die Widersprüche in der Wirklichkeit sind ihnen zu groß. In dem Land, das wir wegen der Geburt Jesu »heilig« nennen, herrscht nicht der Friede und er scheint dort auch nur wenig Aussicht auf Erfolg zu haben. In vielen Herzen, Beziehungen und Ländern ist kein Friede. Für die Augen sehr vieler geht es nach Weihnachten so weiter wie vorher. Auch für die Augen der Glaubenden bleibt die Spannung groß zwischen dem, was sie in der Nähe und Ferne sehen, und dem, was ihnen verkündet wird.

Der Anfang des Friedens Gottes

Der Friede, der den Menschen mit der Geburt Jesu geschenkt wird und für den der auferstandene Jesus ausgewählte Zeugen in Dienst nimmt, ist ein eigenartiger Friede. Er ist darin begründet, dass Gott trotz aller Widerstände, auf die er bei den Menschen trifft, daran festhält, sie mit sich und untereinander zu versöhnen. Er wirkt darauf hin schon während des Lebens der Menschen in der Zeit. In der Zeit aber bleiben es Anfänge seines Friedens auf Erden. Es sind allerdings Anfänge, denen die Vollendung durch Gott zugesagt ist. Viele sehen in diesen Anfängen nur Werke von Menschen, die ihnen sehr nach Ohnmacht aussehen und bei denen man verzweifeln könnte. Glaubende sehen in den Anfängen des Friedens Werke Gottes und in ihnen schmecken sie wegen der Treue Gottes zu allem, was er beginnt, die Vollendung durch ihn. Der begonnene Friede Gottes bzw. der Friede, den Jesus gebracht hat und den die Seinen weitergeben sollen, soll alle und alles umgreifen. In ihm finden alle Anfänge, und seien sie noch so gering, ihre Vollendung. Das gilt für die Anfänge in den kleinen Lebenswelten der Menschen wie für die Anfänge bei der Suche um den inneren Frieden in den Gesellschaften bis hin zu der Mühe um den Frieden durch Gerechtigkeit unter den Völkern.

Vielfältige Freude auf den alles erfüllenden Frieden Gottes

Die Freude auf den Frieden im ewigen Leben wird unterschiedlich eingefärbt sein, je nach dem Leiden am fehlenden Frieden während des Lebens in der Zeit:

— Es gibt Menschen, die leiden schwer an Beziehungen, die unversöhnt bleiben trotz aller Versuche, einander zu erreichen. Sie können sich darauf freuen, dass Gott sie endlich im gegenseitigen Vergeben und Verstehen zusammenführt.

— Für andere ist die Tatsache, dass viele Völker — auch wir — in die Aufrüstung statt in die Produktion von Lebensmitteln investieren, eine »unerträgliche Verletzung der Armen« (II. Vaticanum). Sie dürfen und sollen sich darauf freuen, dass die Umwandlung von »Schwertern zu Pflugscharen« über alle innergeschichtlichen Erfolge hinaus Wirklichkeit wird.

— Wer darunter leidet, wie wenig der Kampf um soziale Gerechtigkeit als Voraussetzung für den Frieden wirksam wird, soll und darf sich auf den Frieden freuen, der durch die von Gott aufgerichtete Gerechtigkeit das Land des ewigen Lebens erfüllen wird.

— Wer es schwer hat, Gott zuzutrauen, ihm inneren Frieden schenken zu können, darf die Freude darauf wagen, einmal ganz von seinen Herzenswunden geheilt zu sein und im Frieden mit sich selbst und allen seinen Fragwürdigkeiten leben zu können.

Diese Vielfalt der Freude auf das ewige Leben trennt nicht, sondern verbindet in dem einen, der für alle der Friede ist und sein will.

4. Die aufgerichtete Gerechtigkeit

Fehlende Gerechtigkeit

Zur Freude auf das ewige Leben gehört die Freude auf die endlich von Gott durchgesetzte Gerechtigkeit. Wir leben in einer Gesellschaft mit einem relativ hohen sozialen Standard. Aber auch hierzulande leiden Menschen unter ungerechten Lebensbedingungen. Die jährlichen Armutsberichte stellen manche schwere Frage. Noch sehr viel niederdrückender sind die Informationen aus Ländern unserer näheren Umgebung und aus ferneren Erdteilen. Dort leben ungezählte Menschen nicht nur in Armut, sondern sogar im Elend. Viele Kinder kommen gar nicht zu ihrem Leben. Andere müssen schon früh ihre Gesundheit durch Arbeit ruinieren. Sehr viele Eltern sehen gar keine Chancen, sich und ihre Familien aus dem Elend zu befreien. Das wissen wir. Und wir wissen auch, dass zumindest ein großer Teil des Elends durch ungerechte wirtschaftliche Zusammenhänge und ausbeuterische politische Strukturen verursacht ist. Dieses Wissen belastet unser Leben in der Zeit. Wir können alles unterstützen, was dem Kampf um eine gerechtere Welt dient, und müssen doch mit der nicht so schnell und wohl nie ganz zu heilenden Wirklichkeit leben.

Gott als Rechtsanwalt der Armen

Ähnliche Erfahrungen in Israel führten zur sogenannten Armenfrömmigkeit, die auch auf Jesu Wirken großen Einfluss hatte. In ihr setzten die Armen ihre Hoffnung auf

Gott als Anwalt ihres Rechtes auf einen Anteil an den Lebensmöglichkeiten der Schöpfung. In zwei seiner Seligpreisungen bekräftigt Jesus ausdrücklich das Lebensrecht der Armen und dass Gott dafür Anwalt ist:

> »Selig, die arm sind vor Gott; denn ihnen gehört das Himmelreich.«
> »Selig, die hungern und dürsten nach Gerechtigkeit; denn sie werden satt werden« (Mt 5,3f).

Auch wo heute diese Seligpreisungen als Herausforderung zu einer Kirche für die Armen bzw. einer Kirche mit den Armen angenommen werden, liegt vor uns ein weiter Weg bis zu Gesellschaften in relativ gerechten sozialen Verhältnissen. Und selbst wenn diese erreicht sind, bleibt es Wirklichkeit, dass auf dem Wege dorthin ungezählte, ja unzählbare Arme nicht zu ihrem Recht kamen. Es ist nicht ganz leicht, mit dieser Wirklichkeit in Freude zu leben. Freude allein mit dem Rücken zu dieser Wirklichkeit taugt auch nicht. Da kann es befreiend sein, in den Seligpreisungen zu hören, dass Gott es ist, der für das Recht der Armen eintritt, und in der Freude leben zu dürfen, dass Gott dieses Recht auch durchsetzen wird.

Sich freuen auf Gottes Gerechtigkeit für die Armen

In den Erfahrungen unseres Lebens in der Zeit lebt diese Freude in der Hoffnung. Wir dürfen und sollen uns darauf freuen, dass diese Hoffnung im ewigen Leben erfüllt wird; dass wir schauen dürfen, wie den Armen das Gottesreich – d. h. der vom Willen Gottes erfüllte Lebensraum – gehört;

dass wir erfahren sollen, wie unser eigener Hunger und Durst nach Gerechtigkeit und das Verlangen aller, die sich für das Recht der Armen einsetzen, satt werden an der von Gott gewirkten Gerechtigkeit.

Lieder auf den Recht schaffenden Gott

Die Freude darauf singt die Kirche in biblischen Liedern, deren Bilder auch von denen sprechen, die die Armen um ihr Recht betrogen haben. So singt z. B. Maria in ihrer Freude über ihre Erwählung: »Er stürzt die Mächtigen (die Verwalter des Unrechts) vom Thron und erhöht die Niedrigen (die Rechtlosen); die Hungernden beschenkt er mit seinen Gaben (die ihnen von den Mächtigen vorenthalten wurden) und lässt die Reichen leer ausgehen (die durch ihr Unrecht ihr Recht auf Gottes Gaben verwirkt haben)« (Lk 1,52f). Die von Maria besungene Freude an der endlich aufgerichteten Gerechtigkeit Gottes für die Armen lässt Fragen nach der Zukunft der ungerechten Machthaber und der auf Kosten der Armen lebenden Reichen in den Hintergrund treten. Diese Fragen dürfen Gott anvertraut werden. Sie sollen nicht daran hindern, sich auf das ewige Leben als geschaute Antwort Gottes auf das Lebensverlangen der Armen zu freuen.

5. Die getrockneten Tränen

Das Leid als Frage an Gott

Der wohl schwerwiegendste Einwand gegen einen gütigen und zugleich allmächtigen Gott ist das Leid Unschuldiger. Das Leid in der Schöpfung und in der Geschichte der Menschen wird von Anfang an dem biblischen Glauben an Gott als Frage entgegengehalten. Es gibt keine Antwort, die diese Frage erledigen könnte. Das muss von Glaubenden erlitten werden, nicht nur im eigenen Leid, sondern auch, wenn sie von Leidenden gefragt werden: »Wo ist denn nun dein Gott bei mir?«, oder wenn im Blick auf die Leidensgeschichte von Menschen gefragt wird: »Wo war da dein Gott, der hätte helfen können, aber nicht half? Sah er die Tränen nicht, die da geweint wurden? Oder war seine Macht über die Geschichte an ihre Grenzen gekommen, so dass er traurig wie wir nur zusehen musste?«

Gottes Antwort in der neuen Schöpfung ohne Leid

Zur Freude auf das ewige Leben gehört die Freude darauf, dass Gott in ihm endlich und endgültig auf solche Fragen antwortet – denen, die trotz aller Einwände sich der Güte und Macht ihres Gottes anvertrauten, und auch denen, denen dieses Vertrauen zu schwer wurde. Das ewige Leben wird ein Leben in einer neuen Schöpfung sein – einer Schöpfung ohne Leid: »Der Tod wird nicht mehr sein; keine Trauer; keine Klage; keine Mühsal« (Offb 21,4). Dieses Leben ohne Leid ist Gott möglich und er will es. Er wollte es von Anfang an. Nur darum machte Gott den Anfang und stimmte ihm zu, dass er gut sei. Unausdenkbar während des Lebens in der Zeit, gibt es das im ewigen Leben zu sehen und zu erfahren. Und allen wird es vorgezeigt werden können.

Gottes Trost für alles Leid der Menschen

Die äußerste Möglichkeit der heilenden und erneuernden Allmacht Gottes formuliert der Satz: »Er wird alle Tränen abwischen von ihren Augen« (Offb 21,4). Die Tränen aller Menschen sind gesehen; sie werden sogar gesammelt. Und alle Tränen werden von den Augen derer abgewischt, die sie geweint haben, jetzt weinen oder noch weinen werden, bis alles im ewigen Leben geheilt wird. Das ist die Allmacht Gottes: dass er auf alles Leid der Menschen seine tröstende Antwort geben kann. Darin wird dann auch die Antwort auf die Frage enthalten sein, warum die Entwicklung des Lebens durch so viel Kampf ums Dasein und durch die Vernichtung der Schwächeren hindurch musste und warum die Geschichte der Menschen durch so viel Leid Unschuldiger hindurch ihren Weg nahm; die Antwort auch auf die Frage, warum der Sohn des allmächtigen Vaters vieles erleiden musste, um so in seine Herrlichkeit einzugehen. Alle Antwortversuche auf diese Fragen können sich diesem Geheimnis während des Lebens in der Zeit nur annähern, ohne vor ihm zur Ruhe zu kommen.

Die Freude derer, die sich gegen das Leid eingesetzt haben

Die Freude der im ewigen Leben getrockneten Tränen ist nicht nur eine Freude für die, die getröstet werden, und für die, die auf ihren Gott des Trostes vertrauten, ohne ihn sehen und vorzeigen zu können. An der Freude über die getrockneten Tränen haben insbesondere auch die Anteil, die während ihres Lebens in der Zeit dafür gekämpft haben, dass möglichst wenig geweint werden musste, und die, wenn Menschen doch schwer am Leid zu tragen bekamen, diesen Menschen nahe blieben, mit ihnen trugen, ihnen so gut es ging Trost spendeten. Sie werden bis an Grenzen gelitten haben – im Kampf gegen Krankheit und Armut, Unterdrückung und Ungerechtigkeit. Sie werden auch gelitten haben an der begrenzten Fähigkeit zum Trösten. Sie sollen sehen, wie Gott alles, wofür sie gekämpft und gelitten haben, aufnimmt und vollendet. Das soll zu ihrer Freude am ewigen Leben gehören.

6. Das Fest des barmherzigen Vaters

Der Vater, der feiern muss

Von der Freude des ewigen Lebens sprechen wohl nur wenige biblische Überlieferungen so eindrucksvoll wie das Gleichnis vom barmherzigen Vater. Von einem fröhlichen Fest ist da die Rede. Eine große Freude gilt es zu feiern. Die Freude, dass der Sohn, der als verloren und tot galt, wiedergefunden wurde und lebt.

Die Trauer des Vaters um den verlorenen Sohn

Der Erzähler – Jesus selbst – erlaubt uns in diesem Gleichnis, sehr menschlich von Gott zu denken. Zunächst muss dieser Vater trauern um den einen Sohn, den es nicht bei ihm hielt, der sein Glück in der Fremde suchte, der dort einiges an Vergnügen fand, aber schließlich ganz unten, bei den als unrein geltenden Schweinen landete. Dieser Sohn steht für viele, die nicht mehr als Söhne im Haus des Vaters, also als Menschen unter den liebenden Augen Gottes leben wollten, die ein Leben ohne Gott, ein Leben auf eigenen Beinen, ein Leben nach eigenem Gefallen suchen. Der Sohn steht so für den Menschen, der es nicht mehr aushielt, sein Leben empfangen zu haben, Geschöpf zu sein. Er steht für die Menschheit, insofern sie – wie die Bibel vom Anfang erzählt – den Gott ihres Lebens verließ, in die Fremde ging und dort die Erfahrung des Hungers und der verlorenen Würde machen muss. Der Sohn steht dann auch für die, mit denen eine Erinnerung an das »Haus des Vaters« mitging und die schließlich umkehren dorthin, wo für sie Leben ist und nicht der Tod im Elend.

Die Freude des Himmels: der gerettete Mensch

Das Gleichnis erzählt von einem sehr ungewöhnlichen Verhalten des Vaters, der den Sohn schon von Ferne kommen sieht. Dauernd muss er nach ihm Ausschau gehalten haben. Voll Freude läuft er dem Sohn entgegen und nimmt ihn in die Arme. Er schmückt ihn mit einem Ring, gibt ihm Schuhe für seine Füße und bekleidet ihn mit einem kostbaren Gewand. Mit all dem schenkt er ihm die verlorene Würde wieder. Über das Reuebekenntnis des

Sohnes geht der Vater hinweg. Ihm liegt nichts an dessen Erniedrigung, sondern nur daran, ihn als Sohn wieder bei sich zu haben. Das erfüllt den Vater mit einer solchen Freude, dass er sofort ein großes Fest feiern lässt, damit sein ganzes Haus an seiner Freude teilnimmt. Die in diesem Fest gefeierte Freude steht für die im Himmel, d. h. im ewigen Leben zu feiernde Freude. Der von Gott wiedergefundene, aus dem Tod ins Leben gerettete Mensch ist die Freude des ewigen Lebens. In ihm wird das Geheimnis Gottes gefeiert, das wiederholt als Erfahrung mit Gott bezeugt wurde: »Gnädig und barmherzig ist der Herr, langmütig und reich an Huld und Treue« (z. B. Ex 34,6).

Das Werben des Vaters, seine Freude mitzufeiern

Damit ist noch nicht angeschaut, worauf die Gleichniserzählung zielt. Jesus lebte die Barmherzigkeit Gottes und konnte auch manche Heimkehr feiern. Das ärgerte manche, die in Treue den Willen ihres Gottes zu leben suchten. Für sie steht der ältere Bruder im Gleichnis, der an dem Fest für seinen Bruder Anstoß nimmt und sich weigert, mitzufeiern. Auf dem Höhepunkt des Gleichnisses lesen wir: »Der Vater kam heraus und redete ihm gut zu ... Mein Kind, du bist immer bei mir und alles, was mein ist, ist auch dein. Aber jetzt müssen wir uns doch freuen und ein Fest feiern; denn dein Bruder war tot und lebt wieder. Er war verloren und ist wiedergefunden worden« (Lk 15,31f). Die Freude des ewigen Lebens ist Mitfreude mit Gott. Wer sich weigert, sich mit Gottes Barmherzigkeit mitzufreuen, schließt sich von der Freude des ewigen Lebens aus. Das Gleichnis erzählt, wie Gott dieses nicht gleichgültig ist. Er geht heraus zu dem, der nicht mitfeiern will. Er geht ihm nach wie im Gleichnis davor der Hirt dem verlorenen Schaf nachgeht. Gott wirbt darum, dass sich alle mit ihm im ewigen Leben freuen.

Die Freude des ewigen Lebens als Mitfreude mit Gott

Freude auf das ewige Leben ist Freude auf das Fest des barmherzigen Gottes. Freude auf die Mitfreude mit Gott, Verlorene wiedergefunden zu haben, dem Tod Verfallene als Lebende bei sich zu versammeln. In jedem Menschen ist wohl etwas von dem jüngeren und etwas von dem älteren Sohn. Für beide gilt, dass sie ihr ewiges Leben im Erbarmen Gottes finden und dass sie in der Freude darauf leben und sterben dürfen.

7. Die Heimat

Ankommen am Ziel des Lebensweges

Das ewige Leben wird manchmal auch »Weiterleben« nach dem Tode genannt. Das kann zu dem Missverständnis führen, es ginge um so etwas wie eine Fortsetzung unseres Lebens in der Zeit, zwar unter anderen Voraussetzungen, aber doch so, als ging das Leben weiter. Wenn das Leben in der Zeit als ein Lebensweg gesehen wird, dann kann mit dem Wort »Weiterleben« die Vorstellung verbunden werden, wir blieben auch nach dem Tode unterwegs. Das ewige Leben ist aber nicht ein Weiterleben, sondern ein Angekommensein. Unser Weg kommt mit unserem Tod an sein Ende, und darin kommt er an sein Ziel. Freude kann damit verbunden werden, wenn man auf dem Lebensweg Verlangen hat nach dem, was man am Ziel erwartet.

Leben, ohne auf ein Ziel zu schauen

Manche, ja viele Menschen sehnen sich nach einem Ende ihres Lebensweges schon darum, weil sie auf dem Wege schwer zu tragen oder an Schmerzen zu leiden haben. Ihnen kann es so wichtig werden, dass es zu Ende geht, dass die Frage eines Zieles fast aus dem Blick gerät. Andere können ihren Weg so froh und unbelastet gehen, dass sie darum kein Interesse an einem möglichen Ziel haben. Sowohl Menschen, die es schwer haben auf ihrem Weg, als auch Menschen, deren Weg durch helle Landschaften führt, kann Wichtiges fehlen ohne Blick auf ihr Ziel.

Von Gott auf den Weg gerufen

Menschen in der Bibel verstehen sich vom Gott ihres Lebens auf den Weg in eine Zukunft gerufen, die in der Zeit vor ihnen bleibt. Das begann schon mit Abraham, der den Lebenszusammenhang seiner Großfamilie verließ in der Hoffnung auf das Land, das ihm sein Gott zugedacht hatte. Israel ließ sich aus der Knechtschaft herausführen in das Land der Freiheit. Das Volk blieb auf der Wanderschaft ohne endgültige Ankunft. Die Evangelien zeigen Jesus auf dem Weg. Er rief die Jünger auf, ihm zu folgen. Als er selbst durch seinen Tod hindurch sein Ziel im Leben des Vaters erreichte, blieb die Schar seiner Jünger auf

der Wanderschaft – hinter ihm her und von ihm beglei-
tet. Die Kirche versteht sich als Pilgerin. Sie ging und geht
ihren Weg nicht ohne Ziel und nicht ohne Freude auf
dieses Ziel.

Leben in der Fremde auf dem Weg in die Heimat

Das Lebensgefühl der Christen im Zeugnis des Neuen Testamentes war das von Fremden, die sich auf dem Weg in
ihre Heimat befanden (z. B. 1 Petr 2,11). Die Erfahrung,
wie Fremde zu sein, hing dabei mit ihrer heidnischen Umwelt zusammen, bei der sie weder dazugehörten noch verstanden wurden. Es lag aber auch daran, dass sie durch die
Hoffnung, die sie erfüllte, im Leben in der Zeit nicht mehr
richtig zu Hause waren. Das war weniger eine Gering-
schätzung des Lebens in der Zeit als eine Vorfreude auf
das ihnen im Weg Jesu eröffnete ewige Leben. Dieses sahen sie ziemlich nahe vor sich, weil sie die Wiederkunft
ihres Herrn sehr bald erwarteten. Christen unserer Tage
fühlen sich weniger als Fremde. Auch wenn ihre Umwelt
nur wenig vom Evangelium aufgenommen hat, wird sie
als weniger verständnislos oder sogar feindlich erfahren
als in der Situation der ersten christlichen Generationen.
Zudem müssen sich die Christen im Erwarten ihres Herrn
doch auf die Möglichkeit eines längeren vor ihnen liegenden Weges einstellen. Dazu gehört auch die Freude am Leben in der Zeit.

Sich verweigern gegenüber falscher Zufriedenheit

Wo dies zur festen Einrichtung in der Zeit führt, kann allerdings das Ziel des Weges – das ewige Leben – seine kritische und prophetische Kraft für die Gestaltung des Lebens in der Zeit verlieren. Vom ewigen Leben her kann es keine volle Zufriedenheit mit dem Leben in der Zeit geben. Vom ewigen Leben her bleibt das Verlangen nach Gerechtigkeit für die Armen lebendig. Vom ewigen Leben her kann es kein Genug an gelebter Liebe geben. Vom ewigen Leben her bleibt die Sehnsucht nach einer Schönheit, die alles durchdringt.

Vorfreude auf die gesuchte Heimat

Ein Bild für das Ziel des Lebens als Ankunft im ewigen Leben und nicht als Weiterleben ist das Bild vom Finden der Heimat. »Heimat« kann zum einen mit dem Leben verbunden werden, aus dem Menschen herkommen, aus dem sie ausgezogen sind. »Heimat« kann zum anderen auf ein Leben verweisen, das Menschen suchen, wenn sie in ihrem Leben in der Zeit Erfahrungen der Fremdheit machen. Das ewige Leben ist dann so etwas wie das Angekommensein in der Heimat. Viele, die über das Geheimnis des Menschen nachgedacht haben, haben im Menschen die – oft unbewusste, aber doch wirksame – Sehnsucht nach einer Heimat ausgemacht, in der noch niemand war (z. B. Ernst Bloch). Sie kann nicht beschrieben werden. Sie bleibt vor den Menschen. Sie kann aber erahnt werden. Und in der Hoffnung darauf, die gesuchte Heimat zu finden, kann es die Vorfreude darauf geben, in ihr aufgenommen zu werden.

8. Das Wohnen im Haus des Vaters

Erfahrungen mit dem Wohnen in der Zeit

Wohnungslosen, die auf der Straße leben, fehlt etwas, was für Menschen wichtig, sogar sehr wichtig ist. Menschen brauchen ein Zuhause. Dabei geht es nicht nur um die vier Wände und das Dach über dem Kopf. Eine Wohnung ist mehr als Schutz vor Kälte, Wind und Nässe. In ihren Wohnungen suchen Menschen Geborgenheit für den ganzen Menschen. Sie schaffen sich in ihnen einen Raum, in dem sie sich wohlfühlen. Sie statten den Raum aus mit dem, was ihnen wichtig ist, was sie schön finden, worin sie etwas von sich selbst entdecken. Eine richtige Wohnung ist voll von Gedanken, Erinnerungen, Erfahrungen. Ein besonderes Geschenk ist es, wenn Menschen nicht nur in einem Raum, sondern auch beieinander wohnen. Mit dem Wohnen ist dann verbunden das gegenseitige Angenommensein, das Teilen von Freude und Leid, die verbindende Vertrautheit miteinander. Die kostbarste Wohnung für den ganzen Menschen ist die Liebe eines anderen Menschen. Sehr oft fehlte den Wohnungslosen auf unseren Straßen viel mehr als das Dach über dem Kopf. Bei aller Kameraderie, die sie mit anderen teilen mögen, haben sie oft keinen Menschen, zu dem sie heimkehren können.

Das Haus des Vaters

Im Johannes-Evangelium nimmt Jesus Erfahrungen mit dem Wohnen auf: »Im Haus meines Vaters gibt es viele Wohnungen … Ich gehe, um einen Platz für euch vorzubereiten« (14,2). Dass Gott nicht in einem Hause wohnt, ist klar. Das Haus des Vaters ist der Raum seiner Liebe. Dass es in diesem Raum viele Wohnungen gibt, ist ein Bild für Gott. Gott hat in sich, in seiner Liebe Raum für die vielen. Und er wartet geradezu darauf, dass sie bei ihm einziehen. Die Wohnungen sollen nicht leer bleiben. Und sie werden nicht leer bleiben. Jesus geht den Menschen voraus und öffnet so neu den Weg in die Liebe des Vaters. Zugleich bleibt er bei denen, die noch auf dem Wege sind, um sie heimzuholen. So lässt der Evangelist Jesus sagen: »Damit auch ihr dort seid, wo ich bin« (14,3). Zum Bild vom Auferstandenen gehört, dass er beim Vater ist und dass er dort nicht allein sein will. Er will die Seinen mitnehmen, und sie sollen dort bei ihm für immer im Haus des Vaters sein. Das ewige Leben meint: mit dem Herrn im Haus des Vaters sein.

Auf dem Weg in das Haus des Vaters

Auch wenn Menschen eine Wohnung haben, sind sie während ihres Lebens in der Zeit noch nicht endgültig zu Hause, sondern noch auf dem Wege. Menschliches Wohnen, auch das Wohnen von Menschen in der Liebe eines anderen Menschen, gibt eine Vorerfahrung von dem, was es heißen kann, einmal endgültig nach Hause zu kommen. Keine noch so schöne Wohnung, kein noch so traumhaftes Haus kann Menschen letztlich bergen. Keine menschliche

Liebe kann Menschen so beheimaten, dass sie das Ende aller Wege ist. In diesem Sinne leben alle Menschen noch auf der Straße. So zu denken entwertet weder die Wohnungen der Menschen noch deren Liebe, mit der sie einander ein Zuhause geben. Im Gegenteil: Offenbar dürfen Menschen schon auf dem Wege etwas erfahren von dem, was im Haus des Vaters auf sie wartet. Darum schließen die Freude am Leben in der Zeit und die Freude auf das ewige Leben einander nicht aus.

Leben als Wallfahrt zum Haus des Herrn

Zu den sehr bekannten Psalmen gehört das Lied vom guten Hirten (Ps 23). Es spricht von den Wegerfahrungen eines Menschen auf der Wallfahrt zum Haus des Herrn. Unter der Sorge des guten Hirten wird dem Wanderer gegeben, was er braucht – sei es auf lichten Höhen, sei es in finsterer Schlucht. Die beiden göttlichen Wirkweisen »Güte« und »Huld« begleiten den Beter ein Leben lang. In diesem Psalm ist nicht der Weg das Ziel. Dass der Weg ein Ziel hat, schenkt ihm Kraft und Orientierung; denn das Ziel ist das Haus des Herrn. In ihm soll der Wanderer Wohnung finden für lange Zeit. Die Wallfahrt zum Haus des Herrn wurde und wird von manchen Juden als Bild für das menschliche Leben gesehen. Das ganze Lied wird darum als Hoffnungsgebet bei Bestattungen genommen. Auch als Sterbegebet kann es gebetet werden. Christen dürfen dabei daran denken, dass ihr guter Hirt sie in das Haus des Vaters führt. So sind ein Leben und ein Sterben in der Vorfreude auf das ewige Leben möglich.

9. Die Offenbarung der Kinder Gottes

Die Würde des Menschen

Zu den Idealen vieler Gesellschaften in der Neuzeit gehört das der Gleichheit der Menschen in ihrer Würde. Eine Wurzel dieses Ideals ist die biblisch-christliche Überzeugung, dass jeder Mensch nicht nur wie die anderen Geschöpfe von Gott gewollt und bejaht, sondern darüber hinaus zu verantwortlicher Freiheit berufen ist. Die Bibel singt staunend davon, dass Gott die Menschen »nur wenig unter die Engel gestellt« hat (Ps 8,6). In der Realität wird der gleichen Würde aller Menschen wohl in keiner Gesellschaft voll entsprochen. Menschen haben bei anderen ein sehr unterschiedliches Ansehen, ohne dass darin ihre innere Würde sichtbar werden muss. Auch manche Selbstdarstellung von Menschen verdeckt eher ihre eigentliche Würde. Andererseits bleibt mancher Mensch, der seine Berufung lebt, im Schatten von anderen übersehen.

Das Bild vom »Kind« Gottes

Die christliche Berufung des Menschen ist wunderbarer als die aller Menschen. Die Bibel gebraucht dafür das Bild vom »Kind Gottes«. Oft wird bei »Kind« in diesem Zusammenhang an Menschen im Kindesalter gedacht. Das biblische Bild denkt an Erwachsene, denen eine besondere Beziehung zu Gott geschenkt ist. Es spricht von einer persönlichen Liebe wie zwischen Vater und Kind, von einer vollen Gemeinschaft im Denken, von einer vertrauten Nähe des Menschen mit Gott als dem Geheimnis seines

Lebens, vom Leben des Geistes Gottes im Menschen, von einer »Verwandtschaft« mit dem Heiligen Gott. Diese Gottesbeziehung begründet die »Freiheit der Kinder Gottes« (Röm 8,21). Das alles schenkt die Taufe durch die Gemeinschaft mit Jesus Christus. Darum gehört zum Bild vom Kind Gottes auch das Bild davon, dass die Getauften Miterben Jesu Christi sind, also in seine Herrlichkeit beim Vater einbezogen werden.

Die verborgene Würde der Kinder Gottes

Diese Würde tragen die Christen bereits während ihres Lebens in der Zeit in sich. Doch bleibt sie noch verborgen, wie auch die Herrlichkeit Jesu Christi in seiner Erdenzeit nur in besonderen Situationen aufleuchtete, sonst aber den Augen der Menschen verborgen blieb. Die Getauften müssen zudem zugeben, dass sie ihrem Geheimnis als Kinder Gottes in ihrem Leben nur unvollkommen entsprechen und es dadurch noch zusätzlich schwer erkennbar machen. Kinder Gottes sind z. B. nach den Seligpreisungen die, die den Frieden suchen (Mt 5,9). Gemeint ist, dass sie der in Jesus Christus begonnenen Versöhnung zwischen Gott und den Menschen und der Menschen untereinander dienen. Daran kann und soll man die »Verwandtschaft« von Menschen mit Gott erkennen. Nach dem ersten Brief des Johannes erkennt man Kinder Gottes daran, dass sie die Brüder (gemeint sind die anderen in der Gemeinde) lieben, also mit ihnen teilen, ihnen in Freude und Leid nahe sind, mit ihnen die neue Familie Gottes bilden (3,14). Dieses Zeichen zu leben ist in modernisierten Gesellschaften sehr erschwert. Aber auch bei gelebter geschwisterlicher Liebe der Christen untereinander bleibt deren Grund in der wunderbaren Berufung zu Kindern Gottes während des Lebens in der Zeit verborgen.

Das Aufleuchten der Kinder Gottes

Der Apostel Paulus sah die mit dem ewigen Leben aufgehende Freude darin, dass die verborgene Herrlichkeit der Kinder Gottes offenbar werden, also voll aufleuchten wird. Aller falsche Glanz, mit dem Menschen sich umgeben oder von anderen umkleidet werden, wird dann verblassen. Leuchten werden – wie beim verherrlichten Christus – nur die von Menschen gelebten Gedanken Gottes. Paulus sieht die ganze Schöpfung in der Sehnsucht nach dieser Offenbarung der Kinder Gottes (Röm 8,19). Für ihn kommt in der Teilhabe von Menschen an der Herrlichkeit Jesu auch die Schöpfung erst an ihr letztes Ziel. Es ist eben alles in Christus grundgelegt und auf die Versöhnung mit Gott und auf das geschwisterliche Miteinander aller Geschöpfe hin geschaffen.

Die Herrlichkeit der Kinder Gottes in der Familie aller Menschen

Wenn sich das Geschenk der Gotteskindschaft darin auswirkt, dass Menschen dem Frieden dienen und an einem geschwisterlichen Füreinander der Menschen mitwirken, dann kann dieses Geschenk nicht ausschließlich als Gabe an die Getauften gedacht werden. Dann wird vielmehr in der Gabe an die Getauften etwas gegeben, was Gott allen Menschen schenken will und was er auch Menschen gibt, die nicht getauft sind. Die Menschheitsgeschichte kennt viele Kriege, aber auch viele Friedensstifter. Sie kennt viele, die nur auf die eigene Selbstbereicherung und Selbstdarstellung ausgerichtet waren; aber auch viele Nichtgetaufte, die Schwestern und Brüder nicht nur in ihren Familien fanden, sondern in allen mit ihnen lebenden Menschen. Auch deren im Leben in der Zeit oft verborgene Herrlichkeit wird im ewigen Leben offenbart werden in der Herrlichkeit, die sie mit Christus teilen. Auch sie werden aufleuchten als Menschen, in denen die ganze Schöpfung an ihr Ziel gekommen ist.

10. Die neue Schöpfung

Der Mensch in der Schöpfung

Zur Freude am irdischen Leben gehört die Freude an der Schönheit der Schöpfung. Menschen staunen vor den Wundern des Lebens. Sie sind fasziniert von den ihnen heute möglichen Blicken in die Weiten des Weltalls sowie in die kleinsten Bauteile der Materie. Als Glaubende sehen sich die Menschen als ein Geschöpf mit anderen Geschöpfen. Die Menschheit und die Schöpfung gehören zusammen. Nicht nur in dem Sinne, dass die Menschen von ihrem Zusammenhang in der Schöpfung leben, sondern auch in dem Sinne, dass sie beide ihr Dasein dem einen schöpferischen Willen Gottes verdanken. Sie sind da, weil Gott sie will. Menschen können dabei eine unterschiedliche Verbundenheit sowohl mit dem Ganzen der Schöpfung wie auch mit Teilen von ihr entwickeln – etwa mit einer Landschaft oder einem Garten, mit bestimmten Tieren oder Pflanzen. Darin kann eine tiefe Zusammengehörigkeit erfahren werden.

Fragwürdigkeiten der Schöpfung

Erfahrungen mit der Schöpfung sind nicht immer Grund zur Freude. Manches in ihr ist Grund zur Trauer bzw. zur Empörung gegen das, was nicht da sein soll. Die Schöpfung ist mit dem Menschen der Vergänglichkeit unterworfen. Nicht nur, dass in ihr gestorben wird. Es gibt in ihr Krankheiten, die vieles gar nicht erst zum Leben kommen lassen. Es gibt in ihr ungeheure Kräfte der Vernichtung. Vor allem gibt es in ihr viel Kampf ums Dasein. Das Leben entwickelte sich auf der Erde nicht ohne Opfer. Es wird in der Schöpfung viel gelebt auf Kosten anderen Lebens. Mit dem Menschen ist auch die Schöpfung beladen von dem dunklen Geheimnis eines Feindes des Lebens.

Bilder des Friedens

Wenn die Propheten davon sprechen dürfen, dass der letzte Wille Gottes auf eine alles umspannende Versöhnung gerichtet ist, benutzen sie dabei nicht zuletzt Bilder der Schöpfung. In diesen Bildern leben Tiere, die sonst einander bedrohen und töten, ohne Angst mit den Menschen zusammen. In einem dieser Texte heißt es:

»Dann wohnt der Wolf beim Lamm, der Panther liegt beim Böcklein.
Kalb und Löwe weiden zusammen, ein kleiner Knabe kann sie hüten.

Kuh und Bärin freunden sich an, ihre Jungen liegen beieinander.
Der Löwe frisst Stroh wie das Rind.
Der Säugling spielt vor dem Schlupfloch der Natter.
Das Kind streckt seine Hand in die Höhle der Schlange.« (Jes 11,6–8)

Diese Bilder sprechen wie ähnliche Bilder in der Bibel von dem eigentlichen Willen Gottes. Sie sollen vor allem Bilder des von Gott gewollten und gewirkten Friedens unter den Menschen sein. In der Überzeugung von der Verbundenheit des Menschen mit der Schöpfung ist es nur folgerichtig, die Hoffnung auf den Frieden unter den Menschen auszudehnen auf den Frieden in der ganzen Schöpfung.

Die Teilhabe der Schöpfung an der Herrlichkeit der Kinder Gottes

Die Verheißung der Versöhnung aller mit allen im ewigen Leben gilt so nicht nur der Menschenwelt, sondern allen Geschöpfen. Wenn der Apostel Paulus davon spricht, dass die Leiden der gegenwärtigen Zeit nicht zu vergleichen sind mit der Herrlichkeit, die an uns offenbar werden soll, bezieht er ausdrücklich die ganze Schöpfung mit ein: »Denn die ganze Schöpfung wartet sehnsüchtig auf das Offenbarwerden der Söhne Gottes ... Auch die Schöpfung soll von der Sklaverei und Verlorenheit befreit werden zur Freiheit und Herrlichkeit der Kinder Gottes. Denn wir wissen, dass die ganze Schöpfung bis zum heutigen Tag seufzt und in Geburtswehen liegt« (Röm 8,18–22). Die ganze Schöpfung soll also daran teilhaben, wenn die mit

Gott versöhnten, als seine Kinder angenommenen Menschen in ihrer strahlenden Würde mit Gott und miteinander leben. Auch die Schöpfung soll im ewigen Leben befreit sein von allem, was in ihr nicht da sein sollte.

»Seht, ich mache alles neu« (Offb 21,5)

Wie alle Bilder und Worte vom ewigen Leben bleibt es für Menschen in der Zeit gänzlich unvorstellbar, wie so etwas Wirklichkeit werden kann. Das wird darin angezeigt, dass von dem *neuen* Himmel und von der *neuen* Erde gesprochen wird. In der Erfahrungswelt des *alten* Himmels und der *alten* Welt ist es nicht denkbar, wie die Sehnsucht der Menschen und der ganzen Schöpfung erfüllt werden kann. Sie kann nur erwartet werden als ein ganz neues Werk Gottes. Christen bekennen ihn als den *allmächtigen* Vater, weil sie ihm alles zutrauen, wenn es darum geht, die Sehnsucht nach einem alle und alles umfassenden Frieden zu erfüllen. So dürfen und sollen Glaubende vom ewigen Leben auch die Erfahrung einer von allem Leid geheilten Schöpfung erwarten, ja, das Leben mit Gott unter einem neuen Himmel und auf einer neuen Erde.

11. Das himmlische Hochzeitsmahl

Die mit Wein gefeierte Hochzeit

Sein erstes Zeichen wirkte Jesus im Johannes-Evangelium auf einer Hochzeit (2,1–12). Wer er ist und was er bringen will, hat mit Hochzeit zu tun. Hochzeit ihrerseits hat mit Freude zu tun. Ein Brautpaar und seine Familien rufen ihnen verbundene Menschen zusammen, dass sie mit ihnen die Freude daran feiern, dass eine Frau und ein Mann zusammengefunden haben zum gemeinsamen Lebensweg. Eine wichtige Rolle spielt dabei der Wein. Er ist die Gabe der Schöpfung, die mit dem Geschenk der Freude zusammengehört. Die Freude der Hochzeit, zu der Jesus eingeladen war, war dadurch gefährdet, dass der Wein ausging. Jesus half in dieser Situation durch die Verwandlung von Wasser in Wein. Durch sein Zeichen stand nicht nur genug Wein zur Verfügung, sondern eine Überfülle. Dazu war der von ihm gewirkte Wein von einer Qualität, die den Speisemeister der Feier zum Staunen brachte.

Der Anbruch der Freude des ewigen Lebens

Diese Szene lässt Menschen, die mit der Bibel vertraut sind, an die Vision vom Festmahl auf dem Berg Zion denken (Jes 25,6–8). In ihr gibt Gott ein Festmahl für alle Völker »mit den feinsten Speisen, mit den besten und erlesensten Weinen«. Bei diesem Mahl zeigt er sich allen Völkern und Nationen als der eine Gott. Und er beseitigt den Tod für immer und trocknet die Tränen von jedem Gesicht. Diese Vision vom Festmahl am Ende der Zeiten ist eine Vision vom ewigen Leben. Jesus ist der, in dem diese Vision beginnt, Wirklichkeit zu werden. Darauf verweist auch, wenn nach der Erzählung vom Geschehen auf der Hochzeit nicht nur vom ersten Zeichen Jesu die Rede ist, sondern auch von der »Offenbarung seiner Herrlichkeit«. »Herrlichkeit« meint im Johannes-Evangelium den Glanz des Lebens Gottes, den Glanz des ewigen Lebens. Den Glanz, der im Erdenleben Jesu nur selten aufleuchtete, der aber am Ende Jesus wieder in sich aufnahm.

Die Einheit von Fest und Freude

Im Bild vom Festmahl ist das ewige Leben ein Fest der Freude. Fest und Freude gehören ganz eng zusammen. Ein Fest kann man nur feiern, wo es eine Freude zu feiern gilt. Und Freude drängt dazu, gefeiert zu werden. In seiner Theorie des Festes berichtet der Philosoph Josef Pieper von einer Erfahrung, die er auf einer Reise in Bengalen machte. Dort beobachtete er das Fest eines Ortes. Als er einige Menschen fragte, was sie feiern, bekam er zur Antwort: die Freude, ein Geschöpf zu sein, das Gott aus Freude schuf. Von dieser Freude lebt das Fest.

Das alle verbindende Fest der Freude

Es ist eine Freude, die Menschen versammelt. Eine Freude, die Menschen mit anderen teilen wollen. Je tiefer diese Freude ist, desto weiter greift das Verlangen, viele, ja schließlich alle mit einzubeziehen. Friedrich Schiller spricht in seiner Ode an die Freude vom »Kuss der ganzen Welt« und denkt dabei an eine Freude, die alle Trennungen zwischen den Menschen überwindet. In solchen Ahnungen und Visionen können Menschen etwas »vorkosten« von dem, was mit dem ewigen Leben für sie bereitet wird. Es hat mit Fest und mit Freude zu tun. Und es hat damit zu tun, dass in ihm alle Menschen zu einer sie alle erfüllenden Freude zusammenfinden sollen. Alle Feste, zu denen sich Glaubende auf Erden zusammenrufen lassen, sind Vorfeiern des ewigen Lebens. Sie können etwas ahnen lassen von der Freude des Himmels.

Das Fest der Befreiung, der Erlösung, des Trostes

Die Freude des Himmels hat eine Vorgeschichte. Diese Vorgeschichte hat mit Trauer und Verlust zu tun. Viele Feste unter den Menschen feiern, dass etwas gut geworden ist, was vorher bedroht oder sogar zerstört war. Die Freuden gelten als besonders intensiv, in denen die Befreiung aus einer Not, die Erlösung von einem Schmerz gefeiert wird. Israels großes Fest begeht das Ende der drückenden Sklaverei in Ägypten und feiert den Gott seiner Befreiung. Christen feiern das Licht der Auferstehung nach der Trauer um den grausamen und dunklen Tod Jesu am Kreuz. Im Himmel wird gefeiert, wie Gottes Geschichte mit den Menschen, die so oft in Abgründe des Scheiterns, in bittere Enttäuschungen, in Hass und Tod führte, doch noch an ein Ziel findet, in dem die Wahrheit aufleuchtet, dass Gott alles aus Freude und für die Freude schuf. Sich auf das ewige Leben zu freuen, meint so, sich auf die Freude zu freuen.

»Amen. Komm, Herr Jesus!« (Offb 22,20)

Die Verbindung der Bilder »Festmahl« und »Hochzeit« hat noch einen eigenen Sinn. Die Propheten sprechen öfters von der Beziehung zwischen Gott und seinem erwählten Volk im Bild von Bräutigam und Braut. Sie müssen von der Treulosigkeit der Braut sprechen und setzen ihr das Geheimnis der Treue Gottes entgegen. Die ganze Geschichte Gottes mit den Menschen kann im Bild des Werbens Gottes um die Antwort der Menschen auf seine Liebe gesehen werden. Das ewige Leben soll feiern, dass dieses Werben Gottes in der liebenden Antwort der Menschen doch noch an sein Ziel gekommen ist. Der Sohn, der der Menschheit nachging, hat sie zurückgebracht und ihr durch seinen Geist die Antwort der Liebe geschenkt. Darum kann das letzte Buch des Neuen Testaments schließen mit dem Verlangen der Braut nach der Hochzeit. Dieses Verlangen lebt in allen Menschen in dem Verlangen nach der Freude an einer Liebe, die sie mit allen Menschen teilen können.

12. Die Herrlichkeit des Sohnes beim Vater

Das Verlangen zu sehen

Im Hebräerbrief lesen wir: »Glaube ist: Feststehen in dem, was man hofft. Überzeugt sein von Wirklichkeiten, die man nicht sieht« (11,1). Und in der Szene mit Thomas, der an den Wunden Jesu zum Glauben kommt, heißt es im Johannes-Evangelium: »Selig, die nicht sehen und doch glauben« (20,29). Aber im Nichtsehen des Glaubens gibt es nicht nur die Seligkeit; es kann und darf darin auch die Not des Nichtsehens geben. Nicht immer ist dem Glaubenden geschenkt, im Dunkel des Todes Jesu am Licht seiner Liebe festzuhalten. Nicht immer ist es Glaubenden gegeben, mit Gewissheit dem Wort Jesu zuzustimmen, dass er für uns das Bild des lebendigen Gottes ist. Nicht zuletzt darum kann und darf es im Glauben das Verlangen und die Sehnsucht geben, einmal zu sehen, woran bzw. an wen man geglaubt hat.

Die vor den Glaubenden liegende Offenbarung Gottes

Die Rede von der »Offenbarung Gottes« zunächst an das von ihm erwählte Volk der Juden und dann durch Jesus an alle Völker kann missverstanden werden. Sie kann daran denken lassen, nun habe sich Gott gezeigt. Nun liege das Geheimnis des Lebens offen vor den Menschen. Die Offenbarung Gottes sowohl an die Juden wie auch an die Christen ist ausgerichtet auf ein letztes versöhnendes, tröstendes, befreiendes Aufleuchten Gottes vor den Augen aller Menschen, ja vor der ganzen Schöpfung. Das etwa

ist gemeint, wenn von der »Offenbarung der Herrlichkeit
Gottes« die Rede ist. Dieses Geschehen liegt *vor* dem Glauben und der Hoffnung. Glaube und Hoffnung sind kost-
bare Gottesgaben. Sie können schon im irdischen Leben
Freude schenken. Diese Freude aber ist Vorfreude. Glaube
und Hoffnung werden Wanderern für den Weg gegeben.
Am Ziel haben sie ihren Dienst getan. Dann bleibt die Liebe, die nicht mehr glaubend und hoffend, sondern sehend
erkennt und erkannt wird.

»... bis du kommst in Herrlichkeit«

Im Johannes-Evangelium bittet Jesus den Vater im Blick
auf sein Leiden und Sterben: »Vater, verherrliche du mich
jetzt bei dir mit der Herrlichkeit, die ich bei dir hatte, bevor die Welt war« (17,5). Es ist eine für uns geheimnisvolle
Bitte. In ihr bittet Jesus wohl darum, dass Gott in ihm die
Liebe aufleuchten lasse, mit der er alles ins Dasein rief und
mit der er in Jesus alles umfangen und versöhnen will. Es
geht um die eine Herrlichkeit Gottes und Jesu. Sie will sich
in der Hingabe Jesu bis zum Letzten den Augen des Glaubens schon in der Zeit zeigen. Und doch verliert sie dabei
nicht ihre Verborgenheit. Ihre Offenbarung vor aller Welt
wird erwartet in einem letzten Kommen des Herrn in
Herrlichkeit. Dann soll der Glanz der Liebe des Vaters im
Sohn für alle sichtbar aufleuchten.

Schauende Anbetung

Auf diese letzte Offenbarung Gottes wird im Himmel bzw.
im ewigen Leben nicht mehr gewartet. Die Begegnung mit
Gott im Tod ist Begegnung mit der allen sich darbietenden

Herrlichkeit des Gekreuzigten beim Vater. Dann wird der dem Thomas nachgebetete Ruf »Mein Herr und mein Gott« (Joh 20,28) nicht mehr glaubende, sondern schauende Anbetung sein. Zum Glück der Glaubenden im ewigen Leben wird gehören, dass sie sehen dürfen, an wen sie geglaubt haben. Im irdischen Leben fehlt noch die letzte Offenbarung Gottes. Darum bleibt im irdischen Leben das Leiden an bedrängenden Fragen. Die Sehnsucht nach dem ewigen Leben oder sogar die Freude auf das ewige Leben erhoffen den »Himmel« als den »Ort« der Offenbarung des Vaters in der Herrlichkeit des Sohnes. Darin sollen alle schweren Fragen der Menschen ihre Antwort finden. Eine Antwort, die ihnen endlich und endgültig die unverlierbare und grenzenlose Freude an Gott schenkt.

Gericht als Offenbarung – Offenbarung als Gericht

In der Herrlichkeit des Gekreuzigten soll zugleich die von Gott geschenkte Herrlichkeit all derer sichtbar werden, die sich auf den Weg in der Nachfolge Jesu eingelassen haben; auch die Herrlichkeit all derer, die zwar Jesus auf ihrem Erdenweg nicht begegnet sind, die aber doch teil hatten am Weg Jesu, weil sie ein Leben für andere geführt haben. Bei diesem Aufscheinen der Herrlichkeit des Gekreuzigten wird die Menschenwelt anders ausgeleuchtet als während des Lebens in der Zeit: Es wird die Brüchigkeit aller Selbstverherrlichung von Menschen deutlich. Und es wird sich zeigen, dass das Leben auf Kosten anderer bzw. an ihrer Not vorbei kein wahres Leben ist. Diese kritische Funktion der Verherrlichung Jesu findet Ausdruck in dem Bekenntnis, dass Jesus wiederkommen wird, »um zu richten die

Lebenden und die Toten«. Das mit dem Aufscheinen der Herrlichkeit Jesu verbundene Gericht ist ein Offenbarungsgeschehen, in dem offenkundig wird, wie Menschen sich eingelassen haben auf ein Leben für andere. Sie werden an der Herrlichkeit des Sohnes teilhaben, wenn sie ihr Leben nicht angstvoll festgehalten und sich selbst bereichert haben, sondern darauf vertrauten, das Leben zu finden, indem sie es einsetzten, und reich zu werden, indem sie es gaben. Das Bekenntnis zu dem mit der Herrlichkeit des Sohnes beim Vater verbundenen Gericht hat nicht die Funktion zu ängstigen, sondern diejenigen zu stärken, die in ihrer Lebenspraxis glaubend auf die Wahrheit des Evangeliums setzen, ohne schon zu sehen, an wen sie dabei glauben.

13. Gott schauen von Angesicht zu Angesicht

Das Schauen

Eine Quelle der Freude für die Menschen sind die Schönheiten der Schöpfung. Auch in unserer Zeit faszinierender Technik gehen oder reisen die Menschen hinaus in die Natur und ihre Landschaften. Sie staunen angesichts der Formen und Farben von Pflanzen und Tieren. Sie stehen vor den Wundern der vielfältigen Lebensgemeinschaften. Diese Schönheiten nehmen sie wahr in einer besonderen Form des Sehens: im Schauen. Im Schauen ist der ganze Mensch beteiligt. Im Schauen öffnet sich der Mensch dem Schönen und nimmt es in sich auf. Im Schauen ist etwas von Hingabe, die ihrerseits vom Geschauten beschenkt wird.

Schauen mit dem Blick der Liebe

Einer besonderen Schönheit begegnet der Mensch im anderen Menschen. So schauen Eltern die Schönheit des ihnen geschenkten Kindes. Immer wieder versuchen Künstler, die Schönheit von Frau und Mann darzustellen. Frau und Mann sind vor allem dann füreinander schön, wenn sie einander mit dem Blick der Liebe anschauen. Ein Mensch ist schön, wenn man in seinem Gesicht die Liebe schaut, mit der er für andere da ist.

Die Schönheit der Liebe Gottes

Das alles sind Vorerfahrungen, die aufgenommen werden, wenn Christen davon sprechen, dass sie im ewigen Leben »Gott schauen von Angesicht zu Angesicht«. Es wird relativ wenig davon gesprochen, dass Gott schön ist. Wohl wird gesagt, dass der Mensch in der Schöpfung und im anderen Menschen den Spuren der Schönheit Gottes begegnet. Wenn uns schon die Spuren der Schönheit Gottes ergreifen und erfreuen, wie viel mehr Freude dürfen wir dann von der Begegnung mit Gott von Angesicht zu Angesicht erwarten. Darin soll uns vor allem die Schönheit seiner Liebe entgegenleuchten. Die Schönheit der Liebe, mit der er alles ins Dasein rief und es treu durch alle Zeiten hindurch begleitete, um es in seinem Erbarmen endgültig heimzuholen. Diese Liebe zu schauen und von ihr angeschaut zu werden, ist die Freude des ewigen Lebens. Damit ist vom ewigen Leben selbst noch nicht viel gesagt.

Aber es ist doch etwas von der Freude gesagt, die im Leben wie im Sterben als Licht für den Menschen leuchten kann.

Die für Menschen unerträgliche Herrlichkeit Gottes

Eigentlich müssten Menschen zögern und sogar darauf verzichten, an eine Schau Gottes zu denken und von ihr zu sprechen. In den ersten Büchern der Bibel wird so von Gott gedacht, dass Menschen, die ihn geschaut haben, sterben müssen. Gottes Schönheit – man spricht eher von seiner Herrlichkeit – gilt für Menschen als unerträglich. Als Moses Gott darum bat, ihn dessen Herrlichkeit sehen zu lassen, antwortete Gott: »Kein Mensch kann mich sehen und am Leben bleiben« (Ex 33,2). Jesaja meinte sterben zu müssen, weil er als sündiger Mensch in einem sündigen Volk in einer Vision so etwas wie den Rand der Herrlichkeit Gottes geschaut hatte (Jes 6,5). Auch im Neuen Testament löst ein Aufscheinen der Herrlichkeit Gottes Furcht aus – sei es bei den Hirten auf den Feldern Bethlehems oder bei der Verklärung Jesu auf dem Berg oder angesichts des überwältigenden Fischfangs des Petrus. Diese Überlieferungen erinnern daran, dass die Schau der herrlichen Schönheit Gottes nichts ist, worauf der Mensch so ohne Weiteres zugehen kann. Damit die Schönheit Gottes den Menschen mit letzter Freude erfüllen kann, muss die Schönheit Gottes dem Menschen so sehr als Schönheit seiner Liebe entgegenkommen, dass der Mensch vor ihr nicht vergehen muss, sondern sich aufrichten darf.

Der Liebe Gottes begegnen im Heiligen Geist

Das ist geschehen in der Menschwerdung des Sohnes Gottes, in dem sich Gottes Liebe dem Menschen gleichsam erträglich gemacht hat, ohne dass sie dabei an erschütternder Herrlichkeit verlor. Zum anderen muss der Mensch, obwohl er Sünder ist und bleibt, von einem reinigenden Feuer ergriffen sein, durch das er die Herrlichkeit der Liebe Gottes nicht nur ertragen, sondern als endgültig beglückend erfahren kann. Dieses Wunder ist das Werk des Heiligen Geistes. In der Schau Gottes darf und soll der Mensch also in Gott der Liebe begegnen, mit der Gott die Menschen und die mit ihm verbundene Schöpfung in der Hingabe seines Sohnes geliebt hat und liebt. Und für diese Begegnung wird der Mensch ausgerüstet durch den Heiligen Geist, der den Menschen gleichsam mitnimmt in die Liebe, in der Vater und Sohn eins sind. Gott kann – zumindest zeitweise – Menschen schenken, sich darauf schon während des Lebens in der Zeit zu freuen und in dieser Freude Kraft und Orientierung für ihren Weg zu finden.

14. Anbetung und Lobpreis

Bittender Glaube

Glaube kann in sehr unterschiedlichen Gebetsformen Ausdruck finden. In der Not dunkler Zeiten wenden sich Betende in Klage oder auch Bitte an ihren Gott. Wo Menschen sich mit Licht und Freude beschenkt erfahren, antworten sie in Lob und Dank. In den Psalmen, dem Gebetbuch Israels, finden die Lebens- und Glaubenserfahrungen auf vielfältige Weise in die Sprache des Glaubens. Als frommer Jude wird Jesus damit zutiefst vertraut gewesen sein. Als er von den Jüngern gebeten wurde, er möge ihnen beten helfen, gab er ihnen nicht einen Lobpreis als Beispiel, sondern ein Bittgebet. Das war und ist nicht gegen dankende und preisende Worte und Lieder an Gott gerichtet. Es entspricht aber der Wahrheit des Weges. Glaube ist ein Weg in der Hoffnung. Darum muss er bitten, dass ihm sein Gott mit der Erfüllung der Hoffnung entgegenkomme. Glaube ist ein Weg in Bedürftigkeit, Schuld und Anfechtung. Darum muss er bitten um die Gabe, die Leben ermöglicht. Er muss um Vergebung bitten. Und er muss bitten, aus der Macht des Bösen gerettet zu werden. Wo Glaubende das im »Vaterunser« voll Vertrauen tun, ist die Bitte auch eine Weise des Lobes; denn sie erkennt im Bitten an, was preisend von Gott ausgesagt wird: »Der Herr ist gütig und barmherzig, langmütig und reich an Huld und Treue« (z. B. Ps 102,8).

Leben in der Wirklichkeit der erfüllten Bitten

Das ewige Leben kann man verstehen als ein Leben, in dem die Bitten des »Vaterunser« erfüllt sind. In ihm ist der Name Gottes geheiligt, in ihm leuchtet also vor aller Augen auf, wie schön und gut Gott ist; wie allmächtig seine rettende und vergebende Barmherzigkeit ist; welche Wunder der Liebe er in der Zeit gewirkt hat, um sie in der Ernte des ewigen Lebens zu bergen. Der in das Leben Gottes hineingenommene Mensch muss nicht mehr um das tägliche Brot beten. Er lebt in der Vergebung Gottes. Und die Mächte, die den Menschen als Wanderer bedrohten, sind endgültig überwunden. Im ewigen Leben gibt es weder Bitte noch Klage. In ihm ist nur noch Gotteslob.

Schwierigkeiten, sich auf das nicht endende Gotteslob zu freuen

Es gibt Vorstellungen und Erfahrungen, die es dem Menschen in der Zeit schwer machen können, sich darauf zu freuen. Wo der Gottesdienst wie eine Pflicht begründet wird, die Menschen Gott schulden, kann kaum eine Faszination vom Gedanken des Gotteslobes im ewigen Leben ausgehen. Auch wo Gottesdienste als bejahte und bereichernde Glaubensfeiern erfahren werden, wird es doch immer Erfahrungen mit Gottesdiensten geben, die dem, was man von ihnen erwartet, nicht entsprechen. Das kann an dem liegen, was gesprochen und gesungen wird. Es kann die eigene Gestimmtheit für das Gebet fehlen. Begründete oder unberechtigte Vorbehalte gegenüber der konkreten Versammlung können daran hindern, sich auf den gemeinsamen Vollzug einzulassen. Was bei den Worten »Gottesdienst« oder auch »Gotteslob« anklingt, ist so nicht ohne Weiteres klar und problemlos. Geradezu abweisend muss der Gedanke eines »endlosen« Gotteslobes wirken, wenn damit eine endlose Zeit verbunden wird. So, als hätte man nichts anderes im ewigen Leben zu tun, als endlos Gott zu loben. Nicht zuletzt bei diesem Gedanken wird deutlich, wie verfehlt es ist, die Ewigkeit als endlose Zeit zu denken.

Erfahrungen, die zum Lob Gottes drängen

Wohl verstandenes Gotteslob ist Ausdruck der Freude an Gott. Ihm muss eine Erfahrung vorausgegangen sein. Diese muss nicht immer gleich mit Gott in Verbindung gebracht werden. So kann z. B. ein schöner Sonnenaufgang oder auch Sonnenuntergang eine innere Freude auslösen, die einen lobenden Ausdruck sucht. Bei Menschen, denen die Schöpfung Gabe Gottes ist, führt dies zum Gotteslob. Etwa in dem Ruf: »Mein Gott, wie schön ist deine Welt!« Neben Erfahrungen mit den Wundern der Natur sind es in der Bibel Erfahrungen mit Gottes Handeln in der Geschichte, die im Gotteslob beantwortet werden. So wurde die Errettung aus der Sklaverei durch die Ägypter als Großtat Gottes gepriesen. Die Rückkehr aus dem Exil wurde mit Liedern des Lobes begangen. Im Erntedankfest wurde Gott als der Schenkende verehrt. Eines der besonderen Loblieder des Neuen Testamentes ist das Lied Mariens bei der Begegnung mit Elisabeth: »Meine Seele preist die Größe des Herrn und mein Geist jubelt in Gott, meinem Retter« (Lk 1,46f). In der Kirchengeschichte Deutschlands sangen die Menschen nach dreißig Jahren des Leidens unter dem Krieg bei der Verkündung des Friedensschlusses: »Nun lob mein Seel den Herren!«

Das Loben in allen Feiern

Immer wird im Lob etwas gefeiert. Etwas, das Gott getan hat. Dabei wird ausgerufen, wie er sich in seinem Tun als Gott erwiesen hat. Dieses Loben bleibt auch dann den Menschen nicht fremd, wenn sie ohne Bewusstsein einer Beziehung zu Gott leben. Es gibt immer wieder Erfahrungen im privaten oder öffentlichen Leben, die gefeiert werden müssen. In diesen Feiern lebt immer etwas Lobendes. Die Erfahrung, beschenkt oder sogar gerettet zu sein, sucht ihren Ausdruck. Es waren nur Minderheiten, die auf den Fall der Berliner Mauer mit dem Lob Gottes antworteten; aber gefeiert haben viele, und darin war etwas wie das Preisen eines Ereignisses, das Menschen nicht nur sich selbst zu verdanken haben.

Das Gotteslob als Ausdruck der Freude an Gott

Das ewige Leben ist Leben in der Freude an Gott. Es ist Leben im Gotteslob. Die Wahrheit Gottes, die endlich ganz ohne Hindernisse und Fragen wahrgenommen wird, drängt in die Antwort des Lobens. Wenn die Herrlichkeit des Sohnes im Vater geschaut wird und der Heilige Geist auch die Herzen der Menschen in sie einbezieht, wird das Lob zur Anbetung. Anfangserfahrungen mit diesem Geheimnis können während des irdischen Lebens gemacht werden; aber das Leben in der Zeit ist Leben im Glauben und noch nicht Leben im Schauen. Das heißt dann: Alles

Gotteslob in der Zeit ist Anbruch des ewigen Lebens im irdischen Leben. Im Lobpreis Gottes empfangen Menschen in der Zeit einen Vorgeschmack des ewigen Lebens.

Verbindende Lieder der Freude an Gott

Die Freude an Gott im ewigen Leben ist mit anderen geteilte Freude. Das Gotteslob drängt zum Zusammenklang mit anderen. Darum ist die bevorzugte Sprachform des Lobens das gemeinsame Singen. Im Lob kann auch das Tun Gottes an Einzelnen Antwort finden. Die Psalmen kennen Loblieder einzelner Glaubender. Gesteigert wird das Gotteslob aber in den Aufforderungen an andere, mit einzustimmen. Das Handeln Gottes an Einzelnen steht immer im Zusammenhang seines Willens, alle und alles in seiner Liebe zusammenzuführen. Nichts überwindet darum die Einsamkeit unter den Menschen so tiefgreifend wie die miteinander geteilte und besungene Freude an Gott. Das kann anfänglich schon im irdischen Leben erfahren werden. Im Gotteslob des ewigen Lebens bleibt niemand mehr einsam.

Berufen zum Lob der Wunder der Liebe Gottes

Die alle und alles umfassende Dynamik des Gotteslobes überwindet die Grenzen zwischen den Menschen. Alle Menschen und Völker werden aufgeboten, in die Lieder vom alles heilenden und befreienden Erbarmen Gottes einzustimmen. Auch die ganze Schöpfung ist mit einbezogen. Besonders aufgerufen wird »alles, was Odem hat«, also alle atmenden Lebewesen, die durch ihren Atem auch Stimmen haben. Mit ihnen sollen alle Geschöpfe ihr

Ziel darin finden, geheilt von allem Schaden allein durch ihr Dasein am Gotteslob des ewigen Lebens teilzuhaben. Die in der Bibel überlieferten Ahnungen von der »Welt Gottes« gehen noch weiter. Sie sprechen davon, dass Gott schon gleichsam vor dem Ankommen der irdischen Schöpfung und ihrer Menschen bei Gott von anderen Geschöpfen umgeben ist, die ihn in seiner Herrlichkeit und Liebe feiern. Sie sprechen allerdings auch davon, dass die Menschen durch die Erhöhung des Mensch gewordenen Sohnes beim Vater in eine einzigartige Nähe zu Gott und darin zum Gotteslob berufen sind. So singt ein urchristliches Lied: »Aus Liebe hat er uns im Voraus dazu bestimmt, seine Kinder zu werden durch Jesus Christus, und zu ihm zu gelangen nach seinem gnädigen Willen, zum Lob seiner herrlichen Gnade« (Eph 1,5f).

Nachwort

Mein Leben in der Zeit:
das Werden meines ewigen Lebens

Das Leben in der Zeit und das ewige Leben hat Karl Rahner in seiner Sprache einmal radikal zusammengedacht: »Das Leben des Menschen ist, sofern es von dem Geschenk einer Grundentscheidung auf Gott hin getragen ist, *das Werden seines ewigen Lebens.*«

Oft wird das ewige Leben als zukünftiges Leben gedacht. Als ein Leben, das nach dem irdischen Leben kommt, also ein Leben nach dem Tode. Das ist nicht das Leben der christlichen Hoffnung. Das ewige Leben beginnt im Leben *in* der Zeit, in treu gelebter Liebe, im Eingehen auf die Eingebungen zum Guten, im Tragen der nicht ausgesuchten Lasten. Mir darf und soll ich sagen: Mein Leben in der Zeit ist das Werden meines ewigen Lebens.

Im Johannes-Evangelium ist davon die Rede, dass die, die im Glauben an Jesus leben, das ewige Leben bereits haben. Das kann so klingen, als sei das ewige Leben etwas, das man wie einen Besitz haben kann. Gemeint ist etwas anderes. Im Glauben wird gleichsam der Keim des ewigen Lebens in ein Menschenleben eingesenkt. In seiner Geschichte wird daraus das ewige Leben des Menschen. Es wächst in ihm heran, beginnt seinen Reichtum zu entfalten, drängt zur Fülle. Und das geschieht im alltäglichen

Leben. An jedem Tag. In jeder Stunde. Darum ist das Leben in der Zeit ganz kostbar.

Das irdische Leben wird oft »Leben zum Tode« genannt. Schon früh nach dem Heranwachsen beginnt der Prozess des Alterns. Das irdische Leben wird schwächer und anfälliger. Im Sterben kommt es an sein Ende. Das ist der eine Blick auf das Leben des Menschen. Der Blick des Glaubens sieht noch eine andere Geschichte. In ihr entwickelt sich im Menschen ein von Gott gewirktes Leben, das im Sterben des Leibes in seine endgültige Heilung und Vollendung aufgenommen wird. Das Sterben des Menschen ist das endgültige Werden seines ewigen Lebens.

Wenn mein Leben in der Zeit das Werden meines ewigen Leben ist, dann ist die Freude in der Zeit auch das Werden der Freude des ewigen Lebens; die Freude an den Wundern der Natur, an den Schönheiten menschlicher Kunst, an der Lebendigkeit der Kinder, an der von Menschen gelebten Liebe. Barmherzigkeit und Versöhnung ist das Werden der ewigen Freude an Gott. Das gilt auch, wo dies weder bewusst noch im Gotteslob gefeiert wird.

Das Leben in der Zeit kennt nicht nur die Freude. Es kennt auch die Not und das Leid, die Trauer und das Dunkel. Wie wird darin mein ewiges Leben? Mein ewiges Leben wird, wo sich unter der mir auferlegten Lebenslast meine Hoffnung bewährt, wo ich teilnehme an der Trauer und Not anderer, wo ich in mir den Hunger nach Gerechtigkeit lebendig erhalte, wo ich von Gott die tröstende Antwort auf die Tränen der Menschen und auf alle meine schweren Fragen erwarte. Wenn die Freude des ewigen Lebens nicht zuletzt der Trost für die in der Zeit geweinten Tränen ist, dann ist die Hoffnung auf diesen Trost das Werden meines ewigen Lebens. Mein ewiges Leben beginnt und wächst, wenn ich im Gebet des Herrn um das Leben bete, in dem der unendlich gute Wille Gottes alle und alles erfüllt.

Es muss auch daran erinnert werden, dass das ewige Leben im Menschen gefährdet ist, solange der Mensch in der Zeit lebt. Die Mahnung des Apostels, dass Christen ihr Heil »in Furcht und Zittern« wirken sollen, kann so aufgenommen werden, dass sie eine Freude auf das ewige Leben zu verbieten scheint. Das ewige Leben beginnt aber im irdischen Leben nicht zuletzt dadurch, dass schon das alltägliche Leben angenommen und gelebt wird im Vertrauen auf die Barmherzigkeit Gottes. Das im Glaubenden werdende ewige Leben kann schwach werden. Es kann Verletzungen erleiden. Es kann sich dem Ruf Gottes verschließen. Das ewige Leben beginnt dann, wenn sich der Mensch mit seiner Schwachheit und Verweigerung vom immer größeren Herzen Gottes annehmen, heilen und neu beschenken lässt. Die Freude an der Vergebung Gottes in der Zeit ist das Werden der Freude, einmal endgültig von Gott heilend und vollendend angenommen zu sein.

Das Wort Jesu vom Gewinn des Lebens durch dessen Verlust muss im Blick auf Jesu Leben verstanden und aufgenommen werden. Jesus hatte sein Leben nicht für sich. Er lebte es für die anderen. Durch ihn sollte der Wille seines Vaters auf unserer Erde geschehen. Darum hielt er sein irdisches Leben nicht fest wie einen Besitz. Er verlor es als Gabe an seinen Vater, indem er es hingab für die

Menschen. Das Werden des ewigen Lebens ist für Christen das irdische Leben, das im Dienst an den anderen als Gabe an Gott gelebt wird. Im Gedächtnis des Todes und der Auferstehung Jesu Christi wird dies als Geheimnis des Glaubens und als Vorfreude des ewigen Lebens gefeiert.